非営利組織研究
―その本質と管理―

島田　恒　著

文眞堂

はじめに

　本書は，非営利組織の本質と管理について研究するものである。わが国では，非営利組織についての管理学はあまり研究されてこなかった。アメリカなどに比して，非営利組織の存在感がわが国社会のなかで小さかったこと，特に管理の視点を入れなくても充分なクライアントが確保できたことなどがその底流にあったといえるであろう。経営や管理というものは，企業が利潤を拡大していくためのものであって非営利組織には無縁，という意識すらみられるほどであった。
　しかしながら，わが国においても，20世紀社会があまりにも経済を突出させたことによる反省や，災害時におけるボランティアの目ざましい働きなどが刺激となって，非営利組織に対する関心が拡大している。加えて，非営利組織にとっても，クライアント確保の上で競争的要素が強くなってきたことも見逃すことはできない。
　本書は，このような状況のなかで，21世紀社会における重要な存在として非営利組織を捉え，その存在の本質を掘り下げ，さらにそれが社会に成果を実現するための管理を研究しようとするものである。自然，この研究は，人間と社会のあり方を考究し，それを架橋するものとしての組織の本質を考究していくことになる。

　本書で展開する理論の骨格は次のようである。
　人間は，環境に制約を受けながらも個人としての主体性をもち，真の実在としての自己を生きる可能性が開かれている。真の実在としての自

己を生きることが自己実現であり，自由の達成である。それは，ドラッカーのいう，人間が求めるべき本性である。真の自由とは責任ある選択であって，個人の恣意的欲望による選択ではない。真の自己を生きるために，人間存在の根元的理法が存在するはずであって，責任とは，それに応答することであり，それに従うことである。それが真の実在としての自己を生きることであり，真の自己実現であり，自由の達成というべきものである。

　人間の営みは社会のなかで行われる。社会は，経済・政治・文化・共同の4要因の相互連関関係によって成立している。これはパーソンズにならってそれを社会のモデルに理論化したものであって，それら4要因が調和的に機能している社会が理想形である。そこにおいては，人間の自由が実現する条件が整う。人間が根元的理法に対して責任をもつということは，社会的なるものに対して向けられ，したがって他者に対する責任を担い，社会全体に対してその調和を実現すべく応答するということである。そのとき，人間の自由と社会の調和は相即的に達成されることになるのである。

　人間と社会を架橋する媒介として組織が位置づけられる。組織は，機能体であるとともに，共同体であることによって人間の自由が実現する現場となりうる。20世紀産業社会における営利組織は，専ら経済機能体として活動し，共同体としての性格を希薄化させた。社会の調和は破れ，人間の自由は損なわれることになった。その破れを修復する人間尊重の組織として期待されるのが非営利組織である。人間の自由と社会の調和を回復しようとするところに，非営利組織の存在意義がある。ミッションとは，人間の恣意的なものではなく，宇宙の真理たる根元法則に従うことであり，人間の真の自由を志向するものである。ミッションこそ，非営利組織の生命である。

　ミッションを，単に至高を目指す良き意図に留めてはならない。現実

的に具体化され成果を生み出さなければならない。そのために，非営利組織にとって管理が不可欠なものとなってくる。管理論は，事業展開，人材管理，そして管理責任として論述される。非営利組織の事業展開におけるマーケティング戦略は，営利組織にも適合する合理的側面も必要であるが，加えて価値的側面が重要である。人間の自由と社会の調和を推進すべく自らの事業領域を設定し，その事業が卓越性を発揮できるものとして戦略を構築しなければならない。ミッションこそ，差別化を実現し卓越性を発揮する源泉である。人材管理も重要な管理課題であることはいうまでもない。有給職員とボランティアという人材は，それぞれに管理の視点に異なるものがあるが，共通する視点は，非経済的誘因にかかわるものである。有給職員に対する物質的誘因や条件もさりながら，理想実現に参加するという誘因，共同体の構成員であるという誘因等が強調される。その基軸はミッションに求められる。

　管理責任としてのリーダーシップは，能力的側面に加え，道徳的側面が決定的に重要である。人々の価値，理想，希望にかかわり，協働に必要な強い凝集力を生み出す個人的確信を吹き込み，人々の意思を結合して事業活動を展開する起爆剤となるのである。

　このように非営利組織の管理はミッションにその基軸がある。非営利組織の管理は，まさにミッションベイスト・マネジメントでなければならない。

　第1部「非営利組織の本質と存在意義」は非営利組織の存在に関する理論であり，それを受けて第2部「非営利組織の管理」は管理の理論を展開している。各章ごとの内容は，各章の冒頭に要約してある。

　本書の骨子は，筆者の博士学位（経営学）論文に基づいている。論文指導と審査委員主査の任にあたってくださった桃山学院大学村田晴夫教

授（学長）に深く感謝の意を表したい。同様にお世話になった諸先生，筆者が実務界から転進して以来支援をいただいてきた桃山学院大学片岡信之教授（日本経営学会理事長）にも感謝を申し上げる。

　神戸大学卒業後，20数年実業界で仕事をしてきた。想えば，熱心さに欠ける学生であった私をゼミでご指導いただいた故北野熊喜男先生や，学友からの刺激が今日に影響している。実務者のときから，学術とそれ以上のものをいただいた隅谷三喜男先生，三戸公先生，ピーター・ドラッカー先生，そして，名前を挙げれば広きに及ぶ研究者，実務者の方々，非営利組織の原体験ともいえる活動を学生時代から共にすることが出来たCSFの先輩や友人，また家族に多くを依存していることをあらためて感謝するものである。最後に，本書を世に出してくださった文眞堂前野さんご兄弟に御礼を申し上げたい。

2003年1月
島　田　　恒

目　次

はじめに …………………………………………………………………1

第1部　非営利組織の本質と存在意義 …………………………………7

序　章　現代社会の座標…………………………………………………9

　　第1節　産業社会の発展 ……………………………………………10
　　第2節　産業社会の病理 ……………………………………………14
　　第3節　わが国産業社会の座標 ……………………………………20

第1章　組織についての考察……………………………………………26

　　第1節　協働体系と公式組織 ………………………………………27
　　第2節　人間尊重の組織 ……………………………………………33
　　第3節　営利組織と非営利組織との差異 …………………………40
　　第4節　非営利組織の定義と範囲 …………………………………43

第2章　非営利組織の存在意義とミッション …………………………51

　　第1節　非営利組織の生成 …………………………………………52
　　第2節　21世紀社会への役割 ………………………………………56
　　第3節　ミッションとは何か ………………………………………63
　　第4節　ミッション・ステートメント構築の要件 ………………68
　　第5節　ミッションベイスト・マネジメント ……………………71

第2部　非営利組織の管理 …………………………75

第3章　事業展開とその基軸 …………………………77

第1節　マーケティングとは何か …………………………78
第2節　非営利組織マーケティングの特質 …………………85
第3節　事業展開の原則―マーケティング戦略論 …………88
第4節　事業展開の戦術的課題 ……………………………105
第5節　資源獲得のためのマーケティング ………………116

第4章　人材管理とその基軸 …………………………124

第1節　貢献活動の確保 ……………………………………125
第2節　有給スタッフの管理 ………………………………130
第3節　ボランティアの管理 ………………………………140

第5章　管理責任とその基軸 …………………………156

第1節　非営利組織の業績評価 ……………………………158
第2節　非営利組織のガバナンス …………………………174
第3節　非営利組織の管理責任 ……………………………182

あとがき …………………………………………………………189
参考文献 …………………………………………………………192
索引 ………………………………………………………………198

第1部

非営利組織の本質と存在意義

序　章

現代社会の座標

　非営利組織研究にあたり，非営利組織が存在する土壌としての現代社会の把握から始める。ドラッカーの思想的系譜を追いつつ，20世紀産業社会における営利組織の突出，それに伴う機能世界の肥大と人間関係の物象化を検証する。20世紀最後のディケードも，むしろその病理を加速させてきたと捉えるのである。その概要は次の通りである。

　ドラッカーは，「自由にして機能する社会」を理念とし，アメリカを中心とする自由主義産業社会に対する規範論，理論，技術論を提出した。大企業が経済的制度のみならず，統治的制度，社会的制度として機能し，そこに企業共同体が実現することによって自らの理念が達成されることを予定した。そして歴史の現実において，自由主義産業社会は，全体主義と社会主義体制を崩壊させ，世界に勝利を宣言することになった。しかしながら，自らの社会のなかに，あまりにも経済を突出させ，社会を支える他の重要な政治・文化・共同の諸機能を麻痺させ，社会全体を合理と効率の原則で染め上げ，人間と社会の健全性に歪みをもたらすことになった。グローバル市場経済，そして情報技術の進展は，経済のさらなる発展には寄与するが，人間的触れ合いは益々希薄化され，ドラッカーのいう企

業共同体は遠いものとなっている。

　わが国は，第2次世界大戦後，世界から注目されるような経済発展を実現した。日本的経営の特質のゆえに，企業が共同体でありうるという期待に最も近いとドラッカーが期待したこともあった。しかし現実には，戦後封建的秩序からの解放を経て，個人はフロムのいう「〜への自由」への可能性から逃走し，企業という集団に身を委ねることによって安定を得ようとすることになっていった。個人の主体性が失われていくところに自由が育つ可能性はなかった。日本的経営を特徴とするわが国産業社会もまた，20世紀産業社会の病理を回避することはできなかったのである。

　このような状況を明らかにすることによって，非営利組織の本質と存在意義を確認しようとする第1部の課題へのアプローチとしたい。

第1節　産業社会の発展

　人間行動を「経済的側面」において捉えることは，アダム・スミス以来20世紀に至るまで，経済思想における一般的な態度であった。人間は利己心に基づいて経済合理的に行動するといういわゆる「経済人」仮説が，経済学のみならず，社会科学における前提的な人間像であったのである。このような人間の把握は，現実においても人間のおかれた状況を反映したものであった。すなわち，人間は産業革命を契機として，ますます「経済人」の性格を自ら選び取っていったのであった。その行動が，市場の最適調和機能を通じて，自然で適正な社会をも実現することになると信じられた。「経済的自由主義は，市場システムを創造しよう

とした社会の組織原理であった。それは当初，たんに非官僚主義的政策の指向という域を出るものではなかったが，やがて自己調整的市場による現世的人間救済というまぎれもない信仰にまで成長した[1]」のである。

しかし，そのような期待は現実のものとはならなかった。経済人の，市場における制約のない振る舞いが社会の調和を実現しないことが，歴史の現実のなかで明らかになった。資本家と労働者との階級分裂が起こり，貧富の差は大きく拡がり，社会は安定を失った。ヨーロッパ社会の根強い価値観であった自由と平等は幻想となり，大衆はよって立つ哲学を失った。カール・ポラニーのいうように，「自己調整市場という考えはまったくのユートピア[2]」に過ぎなかった。19世紀型社会は「大転換」しなければならなくなってきたのである。

このようなヨーロッパ社会の混乱のなかで，20世紀の歴史は，社会主義国家や全体主義国家を誕生させることになる。

それらに対抗して20世紀の社会思想を確立し，産業社会の構想を掲げ，それを実践的にも指導してきた人物の一人にピーター・ドラッカー（1909〜）がいる。その思想的系譜を追うことによって，20世紀社会の軌跡を概観することにしたい。

ドラッカーの社会思想の原点は，ヨーロッパ社会におけるファシズムの台頭であった。1939年『経済人の終わり[3]』で本格的な著作活動を開始したドラッカーは，この書において，ファシズムがいかにして自由と平等を基本価値とするキリスト教社会に侵入してきたかを分析する。自身がもつキリスト教に基盤をおいた価値観を蹂躙していくファシズムに強烈な怒りを発しつつ，冷静にその原因を分析し，人間存在の哲学に降り立ち，社会の編成原理を深く考察している。

ドラッカーは，経済人という本性をもった人間が市場において制約なしに振る舞うことによって，自然に理想的結末に到達すると信じられて

きた思想が既に瓦解していることを指摘する[4]。ヨーロッパの大衆が，経済人による秩序を超えた社会編成原理を求めているにもかかわらず，マルクス主義は勿論，キリスト教会が新しい原理の提出に失敗していると分析する。その空白にファシズムという悪魔が侵入してきたのであり，従って，ファシズムを打ち破るためには，それに代わる原理を提出することを急務と考えたのであった。

彼は，20世紀の社会を「産業社会」と捉える。そして，人間存在を豊かならしめ，それが社会の編成原理に組み込まれた秩序を希求する。「自由にして機能する社会」，これこそドラッカーの一貫した主張であり，正当性の根拠であった。第2次世界大戦は，産業社会を組織する原則をめぐって戦われている戦争であると位置づけるドラッカーは，1942年『産業人の未来[5]』において，新秩序による産業社会の構想を提出している。すなわち，ドラッカーの自由観にあっては，ファシズムや社会主義の現実にみられたように，自らを誤りなき人間として独裁的権力を振るうあり方は，人間の本性を抑圧するものとして絶対に許されないものとなることは必然であった。自らに欠けたるものがあることを認め，自ら責任をもとうとする自由こそ，産業社会の新しい秩序の基礎でなければならないとしたのであった。そして，新しい秩序のもとで，個々の成員が社会における地位と機能が与えられ，社会が生き生きと統合され機能していくことがドラッカーの構想であった。

これらの2書『経済人の終わり』と『産業人の未来』において，社会分析とその方向性を構想したドラッカーは，アメリカGM社のコンサルティングに参加することによって，自由を標榜する国アメリカにおけるビッグ・ビジネスに，新秩序による産業社会を現実のものとするプロトタイプを発見する。GMでの経験を活かした『企業という概念[6]』(1946)を上梓し，続いて『新しい社会[7]』(1950)，『マネジメントの実践[8]』(1954)において，確信に満ちた新秩序の実践型を提出していく

こととなった。

　産業社会において大企業は，経済的制度であることは勿論，同時に統治的制度であり社会的制度となっている。経済関係によってのみ社会に結びつけられていた経済人の時代は過ぎ去り，人々は産業人として社会に結びつけられている。彼は，「工場共同体」という概念を『新しい社会』において具体的に展開し（原型は『産業人の未来』において初めて提出されていた），その生育に期待を寄せたのである。

　『マネジメントの実践』においては，企業の目的を顧客の創造と定義し，マーケティングとイノベーションを2つの基本機能とし，目標管理や分権制を提唱することによって，社会の中核的組織となった企業のマネジメントを指導したのである。更に60年代の『創造する経営者[9]』『経営者の条件[10]』において，産業社会のリーダーともいうべき経営者のマネジメント技術について指導を重ねたのであった。

　ナチズムの反人間性を身をもって経験し，それを分析したドラッカーは，ヨーロッパからアメリカに移住し，産業社会を秩序づけるプロトタイプを体験し，「自由にして機能する社会」を求めて，理念的にそして実践的に20世紀社会に対する強力な発言を続けた。彼のマネジメントは決して技術論にとどまることがない。歴史を形成していく大きな潮流を鋭く分析し，その上に立って，人間のあり方，社会のあり方，組織のあり方，マネジメントのあり方を，規範的，理論的，技術的に提出したのである。

　ドラッカーが予言したように，20世紀，それも全体主義の挑戦を退けて以来，アメリカを盟主とする自由主義産業社会は経済的発展を重ねた。経営に対する哲学，利潤に対する考え方から始めて，ドラッカーのマネジメント論は大きな影響力を発揮した。経済におけるそのような成功は，全体主義の敗退の後，自由主義産業社会に挑戦を試みた社会主義体制をも崩壊に追い込むことになった。それはイデオロギーの戦いとい

うよりは，東西冷戦のなかで経済力の戦いとして戦われ，1990年にかけて，20世紀の壮大な実験は終わりを告げたのである。

しかしながら，東西冷戦に注意が集中し，ついに西側の勝利が確定していく過程のなかで，自由主義産業社会そのもののなかに深い病理が忍び込んでいることに人々はあまり気がついてこなかった。現実は，ドラッカーが期待してきた産業社会モデルとはかけ離れたものであった。

産業社会の挫折，そしてドラッカーの挫折を明らかにすることが次節の課題である。

注
1) Polanyi, K., *The Great transformation*, Beacon Press, 1957, p.135. 杉村芳美他訳『大転換』東洋経済新報社，1975年，184頁。
2) *Ibid*. p.3., 前掲訳書 4 頁。
3) Drucker, P.F., *The End of Economic Man*, John Day, 1939.
4) 自由放任型市場経済という秩序が瓦解しているという見解は，ポラニーのそれに一致している。後にアメリカのベニントン・カレッジで，ドラッカーとポラニーは同僚教授となり，市場経済に対する最終的評価などはお互いに意見を異にしていたけれどもポラニーは『大転換』の序言において，「ドラッカー氏とその夫人は，著者の結論に全面的な同意を与えなかったにもかかわらず，不断の激励の源となった」との謝辞を呈している。
5) Drucker, P.F., *The Future of Industrial Man*, John Day, 1942.
6) Drucker, P.F., *Concept of the Corporation*, John Day, 1946. 下川浩一訳では『現代大企業論』未来社，1966年，と題されている。
7) Drucker, P.F., *The New Society*, Harper & Row, 1950. 現代経営研究会訳では『新しい社会と新しい経営』ダイヤモンド社，1957年，と題されている。
8) Drucker, P.F., *The Practice of Management*, Harper & Row, 1954. 野田一夫監修・現代経営研究会訳では『現代の経営』ダイヤモンド社，1965年，と題されている。
9) Drucker, P.F., *Managing for Results*, Harper & Row, 1964. 野田一夫・村上恒夫訳『創造する経営者』ダイヤモンド社，1964年。
10) Drucker, P.F., *The Effective Executive*, Harper & Row, 1965. 野田一夫・川村欣也訳『経営者の条件』ダイヤモンド社，1966年。

第2節　産業社会の病理

産業社会の発展は，経済的豊かさという大きな恩恵をもたらした。しかしそれが行き過ぎるとそれは病理の様相を呈してくる。

社会は，経済・政治・文化・共同の4種の要因がそれぞれ調和的に機能することによって成立するとき，調和ある社会として出現する。4種の要因は，パーソンズのAGIL図式に対応している。20世紀型産業社会においては，「経済」が圧倒的に社会におけるプレゼンスを高め，市場経済を通じて政治や文化，共同生活領域までも取り込んでしまった。政治は専ら経済発展の為に機能し，本来人間や社会のあり方について高い価値観を示すべき文化の影響力は小さくなり，家庭や企業における共同性は希薄化されていくことになった。ドラッカーが，企業を経済的，統治的，社会的制度，わけても企業共同体（plant community）として期待した構想は実現しなかった。文化も市場でその価値を値ぶみされ，文化本来の根元的な理法にかかわる如き次元を希薄化させていった。学校や家庭も，産業を支える副次的な機関として経済に取り込まれて行った。経済は，人間社会にとって重要な機能である。しかし，それがあまりにも突出してしまうことになってしまった。経済を貫く原則である合理・効率が，異なる原則をもつべき政治・文化・共同の領域を圧倒してしまい，まるで社会全体を支配する原理原則であるかのようになっていったところに産業社会の病理が生じてきたといえる。社会が経済を柱として合理・効率原則に染め上げられ，モノの豊かさが至上のも

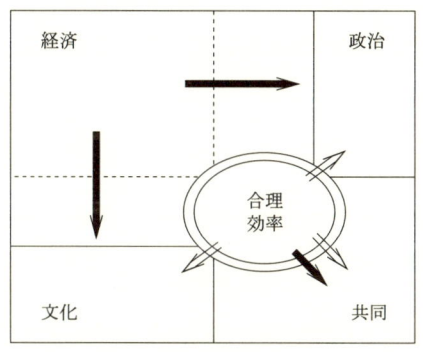

図表1　経済突出社会のモデル

のとして追求されるとき，高い理想は背後に退けられ，共同性は希薄化し，自由であるべき人間の主体性は窒息へと追いやられる。

　佐藤慶幸は，資本主義社会を発展させてきた目的合理性に基づくシステム世界が，人間的共感に基づく生活世界を圧倒し，他者との自律的連帯という人間本来のあり方からの疎外を生み出していると指摘している。「そのような社会では，人間と人間との，人間と自然との，あるいは人間と動物との関係の基本が失われ，人間も自然も動物も利益追求のための対象と化する。企業中心社会は，自己中心社会であり，すべてのものを自己の利益のために道具化しようとする衝動にかられるナルシズム社会である[1]」とするのである。

　発展する産業社会の経済活動は，ドラッカーが予告したように，国際経済から世界経済へと変貌した。それとともに，拡大する経済活動に随伴する形で地球環境の破壊がグローバルなスケールで拡大していった。市場で貨幣換算されないものが看過されていく産業社会のなかで，企業が生み出す社会的衝撃は宇宙船地球号の存在を脅かすスケールとなってきている。マーケティングとイノベーションを進め，経済的成果を飽くことなく追求することが経営者の習いとなった。地球環境破壊に対するもっとも早い警告であったレイチェル・カーソン著『沈黙の春[2]』の出版が1962年であることを思えば，まさに産業社会のダイナミックな発展と歩を一つにして地球環境が汚染の度を深めていったのである。

　産業社会の発展は，ドラッカーの期待に反して，「自由にして機能する社会」を実現することができなかった。「産業人の未来」は輝かしいものとはならなかった。ドラッカーが最も期待した「工場共同体」は現実のものとはならなかった。ドラッカーはどちらかというと楽観的な人物である。しかし，その彼も産業社会の現実については厳しい見方をせざるをえなくなった。「かつてのドラッカーは，工場共同体という概念は，彼がなし得た最大の貢献であると思っていた。だが，いまのドラッ

カーは，この概念の生育力のなさを悲しみの目でみつめている[3]」と観察されるようになるのである。

　20世紀最後のディケードは，10年間という単なる時間のスパン以上の意味をもつことになった。1989年末ベルリンの壁の崩壊に象徴されるように，アメリカを盟主とする自由主義産業社会が勝利を収める形で東西冷戦が終結し，新しい世界秩序がスタートを始めた10年であった。ロシアや中国が実質的に市場経済に移行することによって，世界のほとんど全体が，市場によって経済が機能するシステムとなった。経済という合理的な世界には，いち早くボーダーレスといわれる環境が整備されつつある。多国籍企業は，世界の最適地で開発を行い，原料を調達し，生産し，販売できるという環境が整ってきた。いわゆるグローバリゼーションの実現である。

　かつてドラッカーが『断絶の時代』(1969年)において，「断絶」の主要な局面の一つとして示した「世界経済（World Economy）」が，「国際経済（International Economy）」に代わって具体的な実像となってきたのである。ドラッカーは「貧富の差こそあれ，世界の人々はみな同一の経済社会に属しているのである[4]」として，それまでの国際経済社会とは非連続なグローバリゼーションの世界を描いたのであった。

　自由主義産業社会の盟主として20世紀のリーダーシップをとってきたアメリカは，このような環境にあって，20世紀最後のディケードにおいて，政治的・軍事的・経済的な諸側面で益々その優位性を発揮してきた。アメリカが掲げてきたリベラリズム（アメリカニズム）は，経済的には自由な市場経済，政治的には民主主義として世界の標準システムとなりつつあり，人類の奉ずべき究極システムとして認識されるまでになってきた[5]。

　1980年代，アメリカ経済は相対的に低迷し，日本の順調な発展がアメリカに苛立ちを覚えさせる状況が存在したが，冷戦終結後には一転して

優位性を発揮してきた。アメリカの経済成長率は，1991～2000年平均で3.4%（日本の同時期の平均は 1.4%[6]）である。

　1990年代におけるもう一つの特徴は，情報技術（IT＝Information Technology）の飛躍的発展であろう。それは，単に技術的変化に止まらず，グローバリゼーションと相互に関連し，世界経済を変え，社会を変えることが明白になった。今日では，E（Electronic）コマースが経済取引の形態を大きく変容させ，T（Traditional）コマースの取引形態を縮小に追い込んでいる。過去の実績や信頼の相対的重要性は減少し，広く世界からの取引情報を瞬時にして得ることによって，有利な取引条件や取引コストが削減されることが目指されている。販売や購買における取引形態の変化は，企業間関係や産業組織の全体像を変えつつあるし，経営戦略全体の変更に波及してきている。情報技術の活用によって，高度な情報の取得や発信が可能となり，社会全体のスタイルに影響を及ぼしている。IT 革命といわれる所以である。

　グローバリゼーションと情報技術の発展を，20世紀最後のディケードの特徴としてピックアップしてきたのであるが，これらは20世紀産業社会の発展と病理を提示してきたこれまでの文脈において，どのように位置づけられるのであろうか。

　市場経済が世界に普及することは，アメリカを中心とする経済先進諸国の一層の経済発展を促す可能性を示唆している。しかし，それは同時に強いもの勝ちの拡大であり，国家，組織，個人における格差拡大に繋がることになる。各段階における能力差が経済格差を拡大することとなり，その刺激が，社会全体をして経済的豊かさと優越性を求める行動に走らせることになると考えられる。20世紀の病理が増幅されていくことが懸念される。アメリカにおいては，ストック・オプションやM&Aによるマネーゲームによって巨大な富が高所得者層に集中する様相となっている。

合理や効率を原則とする市場主義は，情報技術による合理的手法の可能領域拡大にともなって，顔のない取引，顔のない社会領域を拡大することに繋がってきている。企業間取引（B to B）においても，個人消費者との取引（B to C）においても，商品・サービスの販売購入がヒューマン・タッチを排除して合理的に行われる領域が拡がってきている。先年のアジア通貨危機においても，人間の顔が見えない投機資金が，効率性を求めて自由にグローバルな世界を移動することが大きな原因となった。

　このような状況は，社会全体に共同性を希薄化させることになっていく。経済においては，その根本原則である合理性や効率性に益々焦点が絞られ，取引においても，従業員管理においても，ヒューマン・タッチが排除され，共同性は希薄化していくことにならざるを得ない。ドラッカーがかつて期待した工場共同体は，益々遠い存在となっていかざるを得ない。人間の自由や愛を実現する現場とは乖離の度を深めていくのである。

　20世紀最後のディケードにおける産業社会は，20世紀の病理を癒す方向ではなくて，経済の比重を高め，共同性を希薄化させ，その病理を加速させつつあると見なければならない。経済の効率性において，市場経済体制が計画経済体制に勝利を収めることによって，市場経済体制の最も原初的形態に引き寄せられた形で経済合理性の優先が強調されているということができる。新しい世紀がスタートするにあたって，経済組織のあり方が問われるとともに，まさに社会構造や価値的側面が問われている。その対応に失敗するならば，かつてウェーバーが述べたところの「精神のない専門人，心情のない享楽人。この無のものは，かつて達せられたことのない人間性の段階にまですでに登りつめた，と自惚れるのだ[7]」というペシミスティックな予言が現実のものとなるかもしれないのである。

注
1) 佐藤慶幸『生活世界と対話の理論』文真堂, 1991年, 123頁。このような指摘は多くの文献にみることができ, Ortega J., *La Rabelion de la Masa*, Revista de Occidente, 1930. 桑名一博訳『大衆の反逆』白水社, 1991年, Galbraith J.K., *The Affluent Society*, Houghton Mifflin, 1958. 鈴木哲太郎訳『ゆたかな社会』岩波書店, 1985年（最新訳), Riesman D., *Abumdamce for What?* Doubleday, 1964. 加藤秀俊訳『何のための豊かさ』みすず書房, 1968年, Pieper J., *Musse und Kult*, Koesel-Verlag, 1965. 稲垣良典訳『余暇と祝祭』講談社, 1988年, Baudrillard J., *La Societe de Consommation*, Gallimard, 1970. 今村仁司・塚原史訳『消費社会の神話と構造』紀伊国屋書店, 1979年, 大平健『豊かさの精神病理』岩波書店, 1990年, などを参照。
2) Carson, R., *The Silent Spring*, Houghton Mifflin, 1962. 青樹梁一訳『沈黙の春』新潮社, 1974年。
3) Tarrant J.J., *Drucker: The Man Who Invented the Corporate Society*, Cahners Books, 1976. p.53. 風間禎三郎訳『ドラッカー, 企業社会を発明した思想家』ダイヤモンド社, 1977年, 79頁。一部訳語変更。
4) Drucker, P.F., *The Age of Discontinuity*, Harper & Row, 1969, p.82. 林雄二郎訳『断絶の時代』ダイヤモンド社, 1969年, 105頁。
5) この見解は, Fukuyama, F., *The End of History: an essay on modern Hegelianism*, University of Toronto Press, 1984. 渡部昇一訳『歴史の終わり』三笠書房, 1992年, に詳しい。
6) アメリカのデータは米国商務省統計, 日本のデータは国民経済計算による。共に暦年基準。
7) Weber, M, *Die Protestantische Ethik und der>Geist<des Kapitalismus*, 1904, 梶山力・大塚久雄訳『プロテスタンティズムの倫理と資本主義の精神』岩波書店, 1962年, 246-247頁。

第3節　わが国産業社会の座標

　明治以降，富国強兵を国是として挙国体制で発展を図ってきた日本は，次第に国力をつけ，アジアを中心にその勢力を拡大し，アメリカやイギリスの利害との衝突が目立つようになってきた。1940年には日独伊3国同盟が結ばれ，わが国は全体主義国家の一翼を担って，自由主義産業社会の理念を掲げるアメリカに挑戦していった。翌1941年開戦，そして1945年アメリカを盟主とする連合国側に無条件降伏となった。単に日本が敗れたということに止まらず，アメリカを盟主とする自由主義産業社会の勝利を意味することは，先に述べたところである。

終戦となるや否や，わが国は，アメリカ主導による産業社会国家群に組み入れられ，全体主義に覆われていた体制を根本的に変革していくことになる。焦土と瓦礫の中から新生日本の歩みが始まり，アジアの奇跡ともいわれる発展を遂げたことは周知の事実である。今や，経済における日・米・欧三極と数えられ，世界の富の13.4%[1)]を生産している。

　そのような成功物語にはさまざまな要因が数えられる。しかし，その中でも，日本的経営が大きな役割を果たしたことは疑いの余地がない。それは，後述するように，アメリカ的経営よりもずっと産業社会に近い経営形態であったからである。日本的経営は，産業社会という20世紀のテーゼに適応して成功物語に繋がることができたのである。

　日本的経営の本質とは何か。よくいわれるような，終身雇用・年功序列・企業内労働組合という3種の神器がその本質ではない。日本的経営の本質は，経済機能体である企業が，共同生活性を備えているところにある[2)]。戦後，急速に拡大してきた3種の神器といわれるものは，その時代における共同生活性のあらわれである。社会環境の変化によってそれらは移り行くが，本質としての共同生活性の存在が問題とされるべきである。

　日本人にとっては，会社は仕事の場所以上の意味をもっており，欧米人にとっての会社の範囲をはるかに超えている。会社は，能力を提供して給料を受け取る場所であるだけでなく，人間の全人格をかかわらせる場所ともなっている。そこで生涯の友人が生まれるような場所ともなっている。

　山本七平は『日本資本主義の精神[3)]』の中で，欧米では，人々は家庭や地域，教会などの共同体から出て，経済組織としての会社へ働きに行っているのに対し，日本では，人々は会社共同体で生活をして，寝る場所である家庭や地域に帰っていくという逆転がみられるとしている。

　このように観察するならば，日本的経営における典型的な会社従業員

は「経済人」で律することはできない。会社のなかで，所得を得るばかりか，そこで全人格的生活の場をもとうとし，社会的地位と安定を得ている。そこにこそ，「産業人」としての人間モデルを見出すことができる。欧米的経営よりも，ドラッカーが期待した20世紀産業社会にふさわしい日本的経営の特質を見出すことができる。

そして，わが国産業人は，集団に依存しやすい文化人類学的特性を駆って，自分が帰属する会社にオーバーコミットする結果となっていった。日本人にとっては，会社はすべての諸欲求をそこで充たしたいと考えている場所になってきた。従って，日本人における会社生活は，いわば彼の人生そのもの，もっと極端ないい方をすれば，彼の人生のすべてになってしまう可能性をもってきた。

そう考えてみれば，会社に対する日本人の入れ込み方が，欧米人のそれに比し，濃度の高いものとなってくることは自然である。組織に対する高い忠誠心は，エリート層にとどまらず，広く行き渡って成果に貢献している。共同体的な非公式組織が生まれ，バーナードのいう諸機能——伝達機能，凝集性を維持する機能，各人の個性を維持する機能——が発揮される。また，無関心圏が拡大することによって，権威を維持しようとする積極的な個人的関心が拡大する。事実，欧米人には理解しがたいサービス残業，単身赴任などの現象が日本的経営に自然につきまとうことになるのである。

このような日本的経営特有の性格は，合理的側面のみならず，価値的側面を組織が備えることになった。企業は経済的，統治的，社会的制度となった。ドラッカーの期待した，産業社会における「工場共同体」の実現に近づきうる性格を備えていた。ドラッカー自身，日本ではかなりの程度実現されたと考えたときもあった。

しかし，わが国の現実はドラッカーの期待を裏切ることになっていった。日本的経営の影の部分がその期待を裏切ることに繫がっていった。

戦後，天皇国家という絆から解放された日本人は，「〜への自由」という人間の実存的課題に挑戦するにはあまりに成熟していなかった。土居健郎のいう「甘え[4]」を払拭することはできなかった。土居もいうように，甘え自体は直ちに良いとか悪いとかいうのではなくアンビバレントな感情である。しかしながら，「〜への自由」の前提というべき「私」の確立に関する限り，それはネガティブなものとなって働いた。「〜への自由」は，固有な存在としての「私」が「すべての人間との積極的な連帯と，愛情や仕事という自発的な行為[5]」によって成り立つものである。それは安易なことではない。人間の内面に属する主体的，責任的行為が要請されるのである。甘えの感情は，独自の存在としての責任ある「私」を確立するというよりは，集団に柔らかく保護された一員になりたいという方向をとらせた。戦争が終わり，国家や伝統的な家が失われたとき，日本人は甘えの感情を会社集団に求め，世界でもユニークな日本的経営の確立に寄与したというのがわれわれの見解である。これを図示すれば右のようになるであろう。敗戦による未曾有の経験によって，過去とは不連続な，自由なる行動類型への変革機会が得られた筈であった。しかし現実には，経済再建という大義の旗のもと，滅私奉公の対象を天皇国家から会社へと移し，自己の経済的充足と安定保護を最優先し，再び「私」を失うことによって「自由からの逃走」をすることに

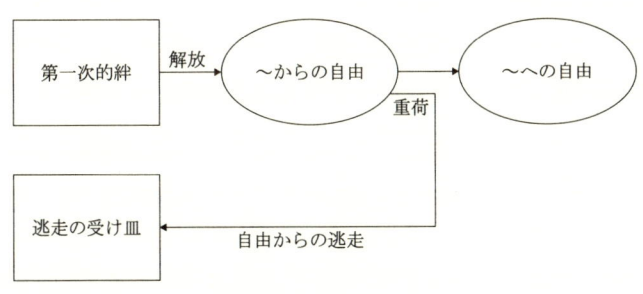

図表2　自由の諸局面

なってしまったのである。

　フロムは，このような逃避のメカニズムについて言及する。「この特殊なメカニズムは，現代社会において，大部分の正常な人々のとっている解決方法である。簡単にいえば，個人が自分自身であることをやめるのである。すなわち，彼は文化的な鋳型によってあたえられるパースナリティを，完全に受けいれる[6]」。そして，なんとなく不安定な感情は，「毎日の型のような活動，個人的または社会的な関係においてみいだす確信と賞賛，事業における成功，あらゆる種類の気ばらし，"たのしみ""つきあい""遊覧"などによって，おおいかくされる[7]」のである。まるで，日本的経営を目の当たりにしたかの如き論述である。

　このようなメカニズムの中では，「私」は失われ，「顔のない私」となってしまう。伝統的な日本的経営においては，「私」を確立していく方向ではなく，集団の流れに自分の行動規準を合わせ，「私」を失うことによって集団の中で評価を受け安定を得ていこうという傾向が働いている。そこでは，人間の主体性に根ざした真なる自己への応答責任の確立は期待しようもなかったのである。

　日本的経営には，欧米的経営にはみられない共同生活性，それに伴う価値的側面をもつという特徴を備えながら，結局は真の自由への道を選び取ることができなかった。戦後の経済的成功に奢りが生じ，遂に平成バブルを発生させてしまった。

　ドラッカーはいう。「1943年の著作『産業人の未来』で，当時私が"自治的工場共同体"と名付けた新しい社会構造における共同体，つまり大企業共同体を私は提唱したのだった。大企業共同体は実現したが，ただ一つの国，日本においてだけだった。しかし，その日本ですら，これが問題の回答や解決でないことが，すでに明らかになっている[8]」と。ドラッカーは，社会にとって不可欠なセクターとしての非営利組織の存在に目を向けていく。経済が至上のものでなく，人間の真の実在を求める

働きに目を向けていく。

　序章において，われわれは現代社会の座標を見定めることを心がけてきた。20世紀最後の10年が，世界的にも日本においても，20世紀の病理を寧ろ加速させているという懸念をもちつつ，非営利組織の本質と存在意義を考察し，その成果を求める管理という課題を捉えていかなければならない。それがわれわれの目指すところである。

注
1) 経済企画庁『世界経済白書（平成12年版）』大蔵省印刷局，2001年，5頁。
2) この見解については，島田恒『日本的経営の再出発―いまこそバーナード／その理論と展開』同友館，1986年，で詳しく論述した。
3) 山本七平『日本資本主義の精神』光文社，1979年。
4) 土居健郎『「甘え」の構造』弘文堂，1971年。
5) Fromm, E. *Escape from Freedom*, Fitzhenry & Whiteside, 1941. p.35. 日高六郎訳『自由からの逃走』東京創元社，1951年，45頁。
6) *Ibid*., p.35, pp.183-184., 同訳書，203頁。
7) *Ibid*., p.133, 同訳書，150頁。
8) The Drucker Foundation, *The Community of the Future*, Jossey-Bass, 1998, p.5. 加納明弘訳『未来社会への変革』フォレスト出版，1999年，20頁。

第1章

組織についての考察

　非営利組織の本質と存在意義を明らかにするために，序章を受けて，第1章では組織の一般理論の検討から始めていく。主としてバーナード理論に立脚しつつ，人間観，システム観を掘り下げる。
　組織を論じ，管理を論じるに当たっては，先ず人間を論じることが重要である。バーナードは，人間を物的，生物的，社会的要因をもち，しかも自由意思をもつものと規定した。決定論的側面に限定されながらも，自由意思論的側面を備え，目的を設定していく存在であるとした。そのゆえに，組織は合理的側面とともに価値的側面が存在するのであり，道徳創造が重要な管理機能となるのである。ドラッカーは，価値的側面の内容に踏み込んでいく。人間の本性は自由であって，自由にして機能する社会こそドラッカーの一貫したテーゼである。自由とは，責任ある選択であって，人間の恣意的なものではなく，真の自己であるべく決定に責任をもつという重い課題である。われわれも，真の実在としての自己を生きるために人間存在の根元的理法があるはずであって，それに応答することが責任であるということを前提とする。そこに自由があり，真の自己実現が達成される。
　20世紀産業社会において，営利組織は合理的側面に傾斜し，社会

における他の要因である政治・文化・共同の機能を希薄化させた。非営利組織においては，価値的側面がミッションとして重要視され，合理的側面と併せて両側面が維持されているということができる。バーナードやドラッカーの理論が順当に機能している。非営利組織は，その原理において，人間の自由を尊重し，社会における4要因の調和を実現すべく機能しようとするのである。ここに，われわれが研究対象とする非営利組織とは，民間のものであって経済的余剰を分配せず，ボランタリズムに支えられつつミッションが組織の基軸となっているものとするのである。

第1節　協働体系と公式組織

近代管理論の始祖と評されるチェスター・バーナード（1886～1961）は，その管理論を展開するにあたって，先ず組織について徹底した考察を行った。バーナードの管理論は組織論と不可分のものとして展開されている[1]。

バーナードは，「少なくとも一つの明確な目的のために二人以上の人々が協働することによって，特殊の体系的関係にある物的，生物的，個人的，社会的構成要素の複合体[2]」と協働体系を定義した。あらゆる種類の企業，学校，病院等は協働体系とみなすことができる。これらの協働体系は，それぞれの物的環境，社会的環境，個人に関係する環境等の内部環境においてさまざまな差異がある。そのような差異を捨象し，あらゆる協働体系に共通する意識活性の側面を組織としたのである。組織の機能は人間協働を調整し，物的要因や社会的要因を協働に結合させることである。したがって協働体系とは，固有な物的要因，社会的要

因，人的要因をもち，それらが組織によって統合的に結合されてひとつの体系となったものである，ということができる。バーナードは，公式組織を「二人もしくはそれ以上の人々の意識的に調整された活動や諸力の体系[3]」と定義し，あらゆる協働体系から抽出される公式組織の理論を精緻化させていくのである。

　協働体系と公式組織をこのように定義するならば，さまざまな業態をもつ企業を分析する場合でも，大学や病院，福祉サービス施設などさまざまな種類の非営利組織を分析する場合でも，先ず共通の分析対象としての公式組織の理論を確認することが不可欠である。われわれは，非営利組織の本質や管理を研究するにあたり，営利組織をも包括した公式組織理論から出発し，それを踏まえて導き出される管理論を構築しようとするのである。

　バーナードは，あらゆる公式組織が成立するための必要にして十分な条件を，(1)共通の目的，(2)伝達，(3)貢献意欲という3要素に求め，相互依存的関係にある3要素に調和を維持するための管理職能を予定した。そして，組織が存続していくための外的均衡を維持する条件として，有効性と能率の確保を挙げた。内的均衡は外的均衡のための基本前提であり，外的均衡が維持されることによって内的均衡が充足され，全体性が創発される。内的均衡と外的均衡は深い相互関係をもった概念として把握されている。

　バーナードは，それぞれの要素について詳細な検討を加えつつその相互関係を明らかにしていく。ここで注目しておきたいことは，公式組織の成立や存続のために，2つの側面，すなわち機会主義的側面と道徳的側面が主張されていることである。営利組織においては，専ら目的達成のための手段および条件に関わるところの機会主義的側面が重視されてきたけれども，本来，そのような手段が向かうべき共通目的の設定をなし，人々の能率に関係し，それを充足させて組織に貢献するよう誘引す

る重要な側面が道徳的側面である。バーナードによれば,「物的,生物的,社会的経験の無数の経路を通じて人々の感情に影響を与え,そして協働の新しい特定目的を形成する,態度,価値,理想,希望の部面[4]」ということになる。すなわち,組織が成立し存続していくためには,機会主義的側面のみならず,道徳的側面が不可欠なものとなるのである。

　バーナード理論は,主著において先ず人間論から始められている。すなわち,組織に参加する人間の把握が,伝統的な「経済人仮説」や「社会人仮説」ではない。人間をある側面からだけ捉えるのではなく,ありのままの人間を,いわばトータルに捉えるところの人間観であり,それはまた物的要因,生物的要因,社会的要因によって規定された,かけがえのない個人であるという意味で,実存的人間観でもある。いわゆる「全人仮説」ともいうべきものに基づいているのである。バーナードは,個人を「物的,生物的,社会的要因である無数の力や物を具体化する,単一の,独特な,独立の,孤立した全体[5]」と規定し,その個人が人間の特性として,「(a)活性ないし行動,その背後にある,(b)心理的要因,加うるに,(c)一定の選択力,その結果としての(d)目的[6]」を備えたものとみなしている。人間は,決定論的側面に限定されながらも,主体的に選択していこうとする自由意思論的側面を備え,自らの目的を設定していく存在であるとする。主体的存在として独自の価値観をもち,しかも宇宙の根元法則における究極の真理において自己を見いだすという真の意味における自己実現を目指すとき,人間として他の人々と共通する価値観を併せもつに至るであろう。真の自己を生きるためには,人間存在にとって普遍的で根元的な理法があるはずである。そのような個人に働きかけて,組織に参加することによって得られる価値の充足を誘因として提供し,貢献意欲を獲得していくという管理行動が公式組織の維持発展のために必然となる。組織にとって「最高の意味でのリーダーシップ[7]」は,道徳を創造して組織に浸透させ,それを守る責任能力である。

このようにみるならば，組織にとって，バーナードが機会主義的と称する合理的側面と，道徳的と称する価値的側面が基本軸であることが明らかになる。バーナードは主著『経営者の役割』序文において，価値的側面の重要性を主張し，「私は組織のなかでいかに行動すれば有効であるかを前から知っていたけれども，ずっと後に経済理論と経済的関心——必要欠くべからざるものではあるが——を第二義的地位にしりぞけてはじめて，組織およびそこにおける人間行動というものを理解しはじめたのである。政治的，教育的，宗教的組織のごとき非経済的組織も存在し，それらがきわめて重要だというだけではない。とくに経営組織に関連して，非経済的な動機，関心および過程が，経済的なそれとならんで取締役会から末端の一人にいたるまで，その行動において基本的であるという意味である[8]」としている。

　人間を個人としてみる場合，合理的に行動する存在ではあるが，同時に，自らの価値観をもって自由に行動する存在である。公式組織を中核とする協働体系もまた同様に，合理的側面と価値的側面を含むのである。このことを，村田晴夫はその著『管理の哲学』で明らかにした。

　村田は，図表3で示すように，有機体としての個人の存在を物的要因，生物的要因，社会的要因をもちながら，単なる機械ではなく，その中核に位置する能動活性によって，それらの要因を統合しつつ，主体的な意思決定と行動をなすものとして捉えている。村田はこの能動活性を人間性と呼び，それを協働体系における組織と対応させている。個人と協働体系は，共に同じ要因の合成物であり，その活性の場としての人間性と組織によって統合されている。すなわち，個人と協働体系とは「同型な有機体として捉えられるのであるが，この同型は垂直同型である。協働システムは人間を部分として含む全体であり，部分と全体の間の同型になっているからである[9]」。それらは，共に，合理的側面をもつと同時に，価値的側面をもつ存在として認識される。

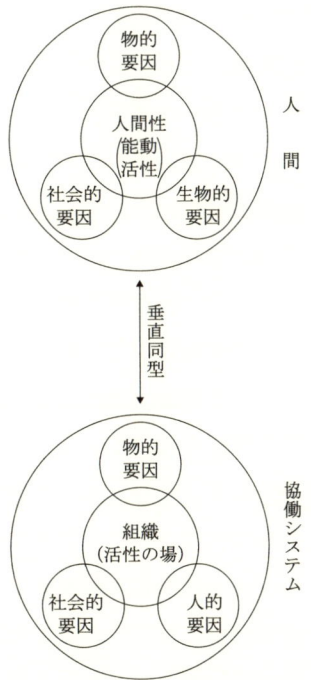

図表 3　村田晴夫『管理の哲学』文眞堂, 1984年, 54頁。

　組織の本質は, 営利組織であれ非営利組織であれ, 上記のように把握することができる。バーナードが主著『経営者の役割』を著した1938年の時点では, 彼の「参加的観察者」としての立場は大部分, 自らが社長をつとめていたニュージャージー・ベル電話会社の経験に依るものであり, 非営利組織での経験はマイナーなものであった。営利組織における参加的観察に依ってすら, 主著において, 組織にとっての価値的側面を重視したバーナード[10]は, その後 USO（米軍奉仕協会）やロックフェラー財団における非営利組織の参加的観察を深めることによって, 主著で強調した価値的側面の重要性をいよいよ確信することになるのである[11]。

　それにもかかわらず, 経済や経営の諸理論においては, 合理的側面の

みが強調され，営利組織における経済的業績拡大のための研究が主流となり，組織における価値的側面の研究は看過されがちであった。その典型的な例として，サイモン理論が挙げられよう。彼は意思決定を組織の最重要課題として考え，その決定前提として，合理的側面を表す事実前提と価値的側面を表す価値前提を並列させながら，バーナードが重視した道徳的要因を科学的評価の枠に馴染まない価値判断として背後に退け，目的に対する合理的手段の選択を研究の対象に据えるという圧縮を行っている。バーナードの衣鉢を継いだと称されながら，実はバーナードの最も強調するところである道徳的側面あるいは価値的側面を棚上げしてしまうという致命的な圧縮を行ってしまっている。

経営学が，社会はいかにあるべきか，人間はいかにあるべきかという視点に立つことなく，企業の利潤追求学，企業奉仕学としての規範なき作業に陥りがちであった現実を直視し，批判的に経営学のあり方を問いつづける研究者に三戸公がいる。三戸は，サイモンを参照して，目的的結果を拡大するための事実前提側面のみが研ぎ澄まされてきたという現実に警告を発し，自らの用語になる「随伴的結果」をも視野においた複眼的管理の重要性を主張している[12]。

われわれは，20世紀の経営史のなかで，先進国企業が経済的成果の拡大を至上目的として人間存在や社会環境を軽視し，また経営学もそれに奉仕することによって，組織が本質的に有する価値的側面を軽視し，合理的側面の研究に傾いてきたのではないかという懸念をもつのである。

伝統理論と袂を分かち，経済人モデルや機械的組織論に代えて，全人モデルや有機的組織論を据えた近代理論としてのバーナード理論から組織の本質を見いだしてきた。バーナードは，その管理論を展開するにあたって，戦略的要因である人間の理解に基礎をおき，主体性や自由をその特性と把握することによって，機会主義的要因と道徳的要因を不可欠

なものとして明示したのであり，われわれは組織の本質としての合理的側面と価値的側面という基本軸を確認したのである。

注
1) これについて，飯野は「組織論を離れてはありえない管理論であり，その組織論は管理論を予定した組織論である」と述べている（飯野春樹『バーナード研究』文眞堂，1978年，60頁）。
2) Barnard, C.I., *The Functions of the Executive*, Harvard University Press, 1938, p.65. 山本安次郎・田杉競・飯野春樹訳『経営者の役割』ダイヤモンド社，1968年，67頁。
3) *Ibid.*, p.73. 同訳書，76頁。
4) *Ibid.*, p.211. 同訳書，221-222頁。
5) *Ibid.*, p.12. 同訳書，13頁。
6) *Ibid.*, p.13. 同訳書，13頁。
7) *Ibid.*, p.283. 同訳書，296頁。
8) *Ibid.*, author's preface p.xxxi. 同訳書，序 40-41頁。
9) 村田晴夫『管理の哲学』文眞堂，1984年，55頁。
10) バーナードが当時営利組織たるニュージャージー・ベル電話会社社長を務め，しかもベル電話会社グループの一員という立場からすれば，業績に対する圧力は強く，機会主義的要因に傾きやすい環境にあった筈である。
11) Wolf, W.B., *Conversations with Chester I. Barnard*, Cornell University, 1972. 飯野春樹訳『経営者のこころ』文眞堂，1978年，においてバーナード自身が強調しているところである。
12) 三戸の主張は多くの著作にみられるが，特に『随伴的結果』文眞堂，1994年，を参照した。

第2節　人間尊重の組織

　第1節によって，組織の本質的基軸としての価値的側面を抽出した。そこで，組織が保持すべき価値内容を具体的に明らかにしていくことが第2節の課題である。
　前節に引き続いて，バーナードの主張を検討することから始めることにしよう。
　バーナードは，「道徳」を定義して，「個人における人格的諸力，すなわち個人に内在する一般的，安定的な性向であって，かかる性向と一致しない直接的，特殊的な欲望，衝動，あるいは関心はこれを禁止，統

制，あるいは修正し，それと一致するものはこれを強化する傾向をもつもの[1]」とする。そして，「これらの内的な諸力あるいは一般的な性向は，積極的あるいは消極的な指示からなる私的な行動準則である[2]」という。そして，もう一つの重要なキーワードである「責任」については，「各自に内在する道徳性がどんなものであっても，それが行動に影響を与えるような個人の資質[3]」であり，「反対の行動をしたいという強い欲望あるいは衝動があっても，その個人の行動を規制する特定の私的道徳準則の力をいう[4]」のである。

　バーナードは主著第17章「管理責任の性質」において，管理における道徳準則の重要性を強調し，それが個人の情的なものに働きかけて道徳を形成し，道徳を変える働きをすることによって，個人と組織との同時的発展を実現することを期待した。組織における価値的側面の重要性を強く主張したのである。

　しかし，バーナードは，創造すべき道徳がいかなる内容をもつべきかについては明示していない。主著より20年後に発表された彼の生涯最終論文「ビジネス・モラルの基本的情況[5]」においても，人間の根源的領域といえるものにまで踏み込んだ論述には及んでいない。

　われわれは，ここでドラッカーの人間論に注目したい。ドラッカーは，初めての著書『経済人の終わり』で，ヒトラーに対する批判を社会思想の観点から分析した。ドラッカーの価値観は，西欧に伝統的な「自由」に軸足をおいたものであり，「自由にして機能する社会」という一貫したテーゼは，ファシズムとの対決から始められていくのである。ドラッカーは自らを「伝統的な保守主義に立つ[6]」ことを明言する。ドラッカーの保守するものは，あらゆる権力の「正当性（legitimacy）」の内容であって，それは「高次の規範，責任，ビジョンを根拠とする社会的認知によって正当化される権力[7]」であり，なかんずく西欧に伝統的な自由という価値に基づくものである。ドラッカーは，自らの学問体

系を価値観に根ざすものであるとする。価値観は組織にとって必須のものであるとする。だから，「最初の著作から最近の著作に至るまで，私は常に，現代社会における個人の自由・尊厳・地位にかかわる問題，個人の貢献・成長・自己実現における組織の役割と機能にかかわる問題，さらには，社会とコミュニティにとっての個人の必要性にかかわる問題を追求してきた[8]」というのである。

　ドラッカーにおいては，自由が組織に通底する規範（ハイパー・ノーム）として据えられている。われわれもまた，個人が自己実現を目指すとき，自由を，人々の間で共有される価値観として認識するのである。

　自由とは何か。ドラッカーは明快に定義し「責任ある選択（responsible choice）[9]」であるとする。そして，「自由は権利というよりはむしろ義務である。真の自由はある何者かからの自由ではない。それでは許可証（licence）にすぎない。自由は，何をするかしないか，この方法でするかあの方法でするか，一つの信念を持つか反対のにするかを選択することである。自由は決して解放ではなくて，いつでも責任である。社会の行動を決定するとともにおのが行動も決定して，両方の決定に責任をもつことである[10]」と説明する。

　バーナードが道徳準則を重視し，それを遵守することを責任と捉えた文脈とほぼ一致している。バーナードからの遺産を受け継いでいる。しかし，ドラッカーはバーナードの自由観を超えて，自由の意味を実存的領域に踏み込んで考察をすすめる。「自由の唯一の基礎は，人間性にかんするキリスト教の概念，つまり，不完全で，弱く，罪人であり，塵となるべき運命をもった塵であるが，神の考えで造られ，そして己の行為に責任がある，という概念である。人が根本的に，また不変に不完全かつ一時的なものと考えられる時にのみ，自由は哲学上，自然かつ必要なものとなる。また，人の不完全性，一時性にもかかわらず，もし人間が自分の行為と決定にたいして基本的，不可避的に責任があると考えると

きにのみ，自由が政治的に要求されるとともに可能となる[11]」と述べている。そして，人間というものは「その本能においても，自由を志向していない。要領さえよければ，選択と負担の重圧から逃げる[12]」存在である。フロムも次のように言っている。自我と個性の確立には孤独への不安が伴い，自由の基盤である自我と個性を投げ捨てて外界に没入しようとする衝動が生まれる，と。このフロムの指摘と重ね合わせることのできる論述である。ドラッカーは続ける。「しかしそれでも，自由は人間にとってあるべき姿である。・・・形而上的には，人間にとってあるべき状態，不可避の状態である[13]」と。ドラッカーの人間観，価値観は，彼の告白によると，19歳になったばかりの頃キルケゴールの『おそれとおののき』に，「たまたまというよりは神に導かれて出会った[14]」ことに遡る。「そのとき何が起こったかを理解したのは，何年もたってからのことだ。しかし私は，何かが起こったことはただちに知った。人間の実存にかかわるような何か新しい重大な次元に出会ったことを悟ったのである[15]」と記している。そして，そこから導かれた人間実存への深い思いが1949年の論文「もう一人のキルケゴール[16]」に繋がっていく。19世紀という世紀は，ドラッカーによると，「社会はいかにして可能か」という問いに終始し，「人間はいかにして可能か」という問いを忘れがちであった。例外はキルケゴールだけであった。

　キルケゴールは実存主義の始祖と呼ばれている。彼によれば，人間の実存は，時間という現世における領域と，永遠という精神領域の二次元を同時に生きる緊張状態においてのみ成立する。精神のなかにあっては，人間は孤独な単独者として絶対なるものと対峙し，現世における人間としては，食べ，飲み，愛し，憎む。キルケゴールによれば，人間が時間の領域のことに終始して精神の領域を生きようとしない場合――フロムの指摘によれば，それが大部分の現代人がとっている態度である――，人間の実存という観点からみれば「絶望」であり，「死にいた

る病」であるというのである。

　ドラッカーは，キルケゴールの提出する答えとしてのキリスト教信仰における実存にすすむ。「神において時間と永遠が一体となり，生と死が意味をもつ[17]」のであり，精神世界（タテ軸）と現実社会（ヨコ軸）の二次元にあって，その交点に立つことによって生きていく存在を考える。そのとき，限界はありながらも，責任ある選択という自由な営みが可能になると信ずるのである。バーナードに続いて，組織の価値的側面の重要性を指摘したドラッカーは，そのような深い背景をもつ自由を，業績性と並べて組織の編成原理として理解しているということができるのである。

　わが国でもドラッカーの経営書はよく読まれている。しかし，ドラッカー経営学の深いところにある思想的背景は必ずしも読み取られていない。機能を拡大するための経営手法を超えて，ドラッカーの人間論に根ざす理解が求められるのである。

　人間とは何か。非営利組織研究においては，人間論が重要な出発点である。われわれは，人間や関連する事項についての理解や公準を明らかにするところから始めなければならない。

　人間は真の自己を生きるべき責任がある。真の自己とは，与えられた生の環境をそのものとして受容し，しかも自己の主体性においてより根元的なるものへと自己を人格的に完成させることであり，自己実現とはそのような真の自己へと導く生き方である。

　真の自己を生きるということは，そこに自ずから人間存在の根元的理法があるはずであり，人間は究極的にはその根元的理法においてのみ自己を実現できるのであることを意味する。そのような根元的理法があることはここでの基本前提である。われわれは，それを「真の自己を生きるべく定められた根元法則」と呼ぶことにする。われわれはここから，

人間における自由と責任について語らなければならない。それは同時に，他者と社会に対する応答を要請している。他者に対する根元的な応答が愛と呼ばれるのであり，他者への応答が全体として社会への応答であり，社会への責任である。

　これは，西欧的価値観であるキリスト教の考え方でもある。ドラッカーが大きな影響を受けたと告白するキルケゴールの『おそれとおののき』における，神（すなわちわれわれの言葉で言えば根元的理法）の意図の優先性，そしてアブラハムのイサクに対する愛の物語はこの原理を象徴している。プロテスタンティズムの原点にたつルターは，『キリスト者の自由』の冒頭で，2つの命題を掲げる。それは，1．キリスト者はすべてのものの上に立つ自由な主人であって，だれにも服さない，2．キリスト者はすべてのものに仕える僕であって，だれにでも服する，というものである。この逆説を統合するものは愛の原理である。ルターはパウロの言葉を引用しながら，「愛とは，愛しているものに仕えて，それに服するものである」とするのである[18]。神への応答を踏まえ，愛への自由なる決断をなすのである。

　村田晴夫は，西田幾多郎の思想に触れながら，自己と他者に共通する一般的意識が，社会や自然と垂直同型として存在する根元的な法則にしたがって活動するときが真の意味での自由であるとする。責任の本質は，自分にとって優先されなければならない自分自身への責任であり，人間，組織，社会，自然という存在の階層のなかで，相互浸透性をもちながら，根元的な法則にしたがうことが要請されているとするのである[19]。

　自由とは，根元的法則への応答と，愛の原理に基づく関係性を自分自身の責任として捉え，主体性をもって決断し，行動することである。それは，取りも直さず，人間の究極の生きざま，自己実現の別名である。組織においては，そこに参加する個人がこのような自由を自覚的に追求

し，その協働を通して社会や人間に自由に関わる成果を達成することが期待されるのである。人間と社会を架橋するものが組織であって，組織が機能体であるとともに，愛と協働の原理に立つ共同体であることによって人間の自由が実現する現場となるのである。

注
1) Barnard, C.I., *The Functions of the Executive, op.cit.*, p.261. 前掲訳書，272頁。
2) *Ibid.*, p.262. 同訳書，273頁。
3) *Ibid.*, p.267. 同訳書，278頁。
4) *Ibid.*, p.263. 同訳書，274頁。
5) Barnard, C.I., "Elementary Conditions of Business Morals," *California management Review*, Vol.1, No.1, 1958. 飯野春樹監訳，桜井信行・坂井正廣・吉原正彦共訳「ビジネス・モラルの基本的情況」関西大学『商学論集』第20巻第1号，1975年，に基づく。
6) Drucker, P.F., *The Future of Industrial Man*, Transaction Publishers, 1995, p.9. 上田惇生訳『産業人の未来』ダイヤモンド社，1998年，新版への序文iv頁。
7) Ibid., p.9. 同訳書，新版への序文iv頁。
8) Drucker, P.F., *The Ecological Vision－Reflections on the American Condition－*, Transaction Publishers, 1993, pp.449-450. 上田惇生他訳『すでに起こった未来』ダイヤモンド社，1994年，312頁。但し，最終フレーズ「社会とコミュニティにとっての・・・」部分は，原文からみて独自の訳文とした。
9) Drucker, P.F., *The Future of Industrial Man*, John Day, 1942, p.109.
10) *Ibid.*, p.149. 日本語訳には，岩根忠訳『産業にたずさわる人の未来』東洋経済新報社1964年，田代義範訳『産業人の未来』未来社，1965年，上田惇生訳『産業人の未来』ダイヤモンド社，1998年，があるが，ここでは岩根訳を主体としながら，他の訳も参照して訳出した。
11) *Ibid.*, pp.150-151. 田代義範訳『産業人の未来』未来社，1965年，124頁。
12) *Ibid.*, pp.149-150. 上田惇生訳『産業人の未来』ダイヤモンド社，1998年，126頁。
13) *Ibid.*, p.150. 同訳書，126頁。
14) Drucker, P.F., *The Ecological Vision-Reflections on the American Condition-, op.cit.*, p.425. 前掲訳書，271頁。
15) *Ibid.*, p.425. 前掲訳書，271頁。
16) Drucker, P.F., "The Unfashionable Kierkegaard", *The Sewanee Review*, Vol.LVII 1949. 清水敏允訳『明日のための思想』ダイヤモンド社，1960年，では「現代に見捨てられたキェルケゴール」と訳され，上田惇生他訳『すでに起こった未来』ダイヤモンド社，1994年，では「もう一人のキルケゴール」と訳されている。ここでは後者を採用したが，世間のキルケゴールに対する流行の評価とは異質な，ドラッカー解釈によるキルケゴールという意味を含ませたタイトルである。
17) *Ibid.*, p.599. 前掲上田惇生他訳『すでに起こった未来』292頁。
18) Luther, Martinus, *Von der Freyhayt aines Christen*, 1520. 石原謙訳『キリスト者の自由・聖書への序言』岩波書店，1955年，および，徳善義和『キリスト者の自由』新

地書房，1985年，による。
19) 村田晴夫「組織における美と倫理」組織学会『組織科学』Vol.33 No.3, 2000年。

第3節　営利組織と非営利組織との差異

　すでに述べたように，組織は合理的側面と価値的側面をもち，自らの目的を設定してその有効性を追求するものであるとされた。営利組織においては，バーナードは「いかなる組織の客観的目的も利潤ではなく，サービスである[1]」とし，ドラッカーは「事業の目的について正しい定義はただ一つしかない。それは顧客の創造である[2]」としている。利潤は，バーナードによれば，投資家という貢献者に対する誘因を供給するのに必須なものであり，ひいては組織経済にとって能率を供給するのに必須なものとして認識されるべきものである。ドラッカーによれば，利潤は顧客の創造という事業の目的をどれだけ達成したかという尺度であり，同時に経済活動に伴う未来の危険や費用を担保するものとして認識されるべきものである。

　かつてマックス・ウェーバーは，『プロテスタンティズムの倫理と資本主義の精神』において，近代資本主義の成立がプロテスタンティズムのエートス──すなわち，価値的側面──によって支えられたという議論を展開した。しかしながら，資本主義進展の現実は，そのようなエートスから脱却し，利潤追求そのものが目的化されるという様相を呈してきた。いわゆる「聖俗革命」が進むことになっていった。今日，産業先進国において所有と経営の分離がすすみ，特に日本的経営においては投資家への利潤還元よりも経営共同体の維持・発展が優先されるという状況がみられるとしても，最大の関心は利潤目的に関連しているのであり，片岡信之が主張するように，「『経営者革命』が現代大企業の利潤追求主義から他の目的に変質させる契機になったとは言えそうにない[3]」

のである。

　営利組織においては，最終決算は財務諸表である。そこに成果が集約される。活動の主たる現場は市場であり，貨幣による交換価値が主役となる。顧客は存在するが，固有名詞としてのそれではない。有効需要の担い手としての非人格化された顧客である。非営利組織においては，最終決算は，後に詳述するように，独自のミッションの達成である。それは財務諸表では表現することはできない。活動の主たる対象は人間そのものであり，固有名詞としての個人が意識されてくる。ミッションに根ざした組織の働きかけを通して個人の意識や生き方を変革し，具体的な政策提言としてのアドボカシー等を通して社会をも変革しようとするのである。

　最終決算の差異が，営利，非営利組織について認識すべき第一のものである。組織の目指す有効性の内容が異なる。そしてその結果，営利組織では成果としての利潤が投資家に還元されるし，非営利組織では物質的な分配はありえない。もちろん，非営利組織にとっても経済は重要である。しかしそれは分配のためのものではない。

　第二の差異は，組織貢献者とその誘因に関するものである。営利組織においては，経済的誘因は重要かつ不可欠なものである。それによって，従業員をはじめとする貢献者は，自らの経済生活を営んでいるからである。非営利組織においては事情が異なる。有給のスタッフもいるが，無給のボランティアによって支えられている場合も少なくない。病院や学校など，ほとんどが有給スタッフによって運営されている場合でも，その設立の原点に，広い意味でのボランタリズムが共有されている場合が多い。有給，無給を問わず，貢献者に対して，希望や理想に繋がる非経済的価値を誘因として提供していくことが必要である。それが成功すれば，個人の貢献意欲が促進されるばかりでなく，非営利組織がミッションに則して成果を達成することになるのである。

第三の差異は，非営利組織がその内部で共同体（コミュニティ）を形成しようとすることである。共同体が，合理的側面のみならず，価値的側面，非合理的心情や相互肯定的共感を含む集団であるとするならば[4]，非営利組織はそれを具現しようとする性格をもつ。第4章で詳述するように，非営利組織は人間の自由に関わり，内部に共同体を形成するベクトルが働き，それが組織参加者に対する重要な誘因となる。ドラッカーは，営利組織においても当初そのような可能性について期待を抱き，企業における「工場共同体（プラント・コミュニティ）」という概念を提出した。しかし，20世紀の産業社会においては，それは現実のものとはならなかった。そして，非営利組織が，失われた——しかし人間にとって不可欠な——コミュニティを回復しようとしているのである。コミュニティは，人間の関係性のなかに愛の原理を実現し，他者に対する根元的な応答としての自由を実現する現場となるはずである。そのことによって人間の自己実現が達成されていくのである。

　ここで注目しておきたいことは，バーナードもドラッカーも，自らの理論を，営利・非営利組織に共通する一般理論として論述しているのであるが，それはいわば組織・管理の基礎理論であって，現実の企業や病院，学校などの特定の性格をもった組織を分析する場合には，当然異なった視点が必要になってくるという事実である。本節で示したこれらの差異に基づいて，管理論においても，営利組織と非営利組織の間に差異が生じてくる。具体的には本書第2部で検討される。本来，合理的側面と並んで価値的側面の重要性が，組織の維持発展において普遍的なものとして主張されている。営利組織の現実においては，人間の真の自己実現という道徳水準からは遠く離れてしまっており，非営利組織においてその順当な考慮がなされているということである。

　バーナードについても，第1節でも触れたUSO会長を務めた経験が，道徳的基礎の重要性という彼自身の主張を非営利組織の経営におい

て確信させたのであった。ウォルフとの対談において,「USO での経験は真実私の現在の考えを発展させました！　これは全組織が道徳的基礎のもとで本当に運営された事例です。経済的に成功することはまったく問題にされていませんでした。・・・それを動かすのには〔責任の〕受容という道徳的基礎に基づいてのみ可能でした。・・・ほとんどすべてのものが道徳的コミットメントにもとづいていることがわかります[5]」と述べている。

　人間の自己実現という高い道徳水準に基づいて活性化されているのは,営利組織ではなく非営利組織であるということができる。それは,合理的側面と共に,高い道徳的抱負と広い道徳的基盤に支えられているのである。営利組織の栄枯盛衰は激しい。ゴーイング・コンサーンといわれながら,多くの年月を経て発展していくケースは稀である。200年の長命を経た営利組織は存在しない。非営利組織でもやさしいことではないが,バーナードもドラッカーも揃って挙げるローマ・カトリック教会のように,2000年の長命をもつ事例もある。価値的側面の重要性が感得されるのである。

注
1) Barnard, C.I., *The Functions of the Executive*, op.cit., p.154. 前掲訳書,161頁。
2) Drucker, P.F., *The Practice of Management*, Harper & Row, 1954, p.37. 野田一夫監修・現代経営研究会訳『現代の経営』上巻,ダイヤモンド社,1965年,47頁。
3) 片岡信之『現代企業の所有と経営』白桃書房,1992年,115頁。
4) MacIver, 大道安次郎,佐藤慶幸,津田眞澂などの定義を参照した。津田は,日本的経営が共同体としての性格をもっていることを指摘している。
5) Wolf, W.B., *Conversations with Chester I Barnard*, op.cit., 前掲訳書,50頁。

第4節　非営利組織の定義と範囲

　非営利組織は NPO とか NGO とか呼ばれている。NPO は Non-Profit Organization, NGO は Non-Governmental Organization の

略である．NPO は Profit を追求するのではない組織，すなわち営利企業との差異を強調した呼び方であり，NGO は Government によるものでない組織，すなわち政府や行政との差異を強調した呼び方である．わが国では，国際活動をする非営利組織のことを NGO と呼び，NPO は NGO を含んだ非営利組織全般を表すことが多いが，本来は，企業や行政のどちらとの差異を強調するかによって呼び方が変わるということである．イギリスでは，VNPO（Voluntary NPO）という呼び方をして，行政でも営利でもないことを同時に表現する呼び方もされている[1]．

これを簡単な図表にまとめると図表4のようになる．民間のものであり，しかも営利を追求しないという特性のなかに，行政や企業との同質性と異質性があることに着目したい．社会における組織活動を大きく3つに分け，政府・行政を第1セクター，企業を第2セクター，非営利組織を第3セクターと呼ぶことがある（日本では，第3セクターは，行政と企業との共同事業や団体のことをいう場合があるが，日本だけの特殊な用語であり，ここでいう第3セクターとはまったく異なる）．

民法第35条は営利法人に関する条項を設け，企業を「営利ヲ目的トスル社団」とし，公益法人を第34条において「祭祀，宗教，慈善，学術，技芸其他公益ニ関スル社団又ハ財団ニシテ営利ヲ目的トセサルモノ」と

営利性 ＼ 政府性	政府 governmental	非政府 non-governmental
営利 profit	公企業	企　業
非営利 nonprofit	行　政	非営利組織

図表4　営利性，政府性による分類

して規定している。企業に代表される営利組織は，伝統的経済学においては，利潤極大化を目的とするとされてきた。しかしながら，所有と経営の分離によって専門経営者は多元的目的——利潤の他，例えば成長，業界シェア，革新，社会的責任，自己の権勢や名声などの目的——をもつとされ，あるいは不確実な環境に対する認知的制約が存在しているため，利潤極大化原則は貫徹されないという議論が生起している。この場合，営利組織は自ら満足できる欲求水準を定め，現実的な満足利潤原則に沿って行動するものとされている。いずれの場合も，利潤が最大の目的になっていることは否定できず，それが緩和されたり，認知制約や社会的イメージ維持のゆえに抑制されているといえる。創業者の理想的信念によって，価値的側面が意思決定にドミナントな影響力をもつ事例も認められるが，業績が悪化したり，創業者が去ったりした後は，価値的側面が希薄化していくのが現実である（具体的事例は，第2章第5節でも示される）。先に示した片岡の主張のように，営利組織の利潤追求主義はその本質に組み込まれている。

　非営利組織の定義については多くの議論がある。最大公約数的な定義は，「利潤をあげることを目的としない，公益的な活動を行う民間の法人組織[2]」というものであろう。

　アメリカにおいては，内国歳入法501条(C)(3)によって免税資格を得ている公益的団体が主として想定されている。イギリスではチャリティー委員会の審査を経て登録された団体が想定され税制優遇が認められている。しかし，法律上の税制優遇の有無をもって非営利組織の定義と考えることはいささか雑駁にすぎるであろう。

　非営利組織の国際比較を手がけているジョンズ・ホプキンス大学教授レスター・サラモンは，非営利組織に共通する6つの特徴を次のとおりに摘出し，そのすべてに当てはまることをもって非営利組織の定義としている[3]。

1．公式に設立されたもの
2．民間（非政府機関）
3．利益配分をしない
4．自主管理
5．有志によるもの
6．公益のためのもの

彼らによる非営利組織の国際分類は図表のようにまとめられる。

このような活動領域による分類の他，いくつかの重要な分類に注目しておこう。

広く開かれた組織としてオープンな公共奉仕を目指すもの（公益法人）と，限られた会員のための組織としてクローズドな会員奉仕を目指すもの（共益法人）がある[4]。

労働組合や社交クラブなどもそれ自体営利を目指すものではないし，場合によっては公益に大いに奉仕することもある。しかしながら，本質的に限られた会員や構成員だけのための組織である。その意味では，非営利組織の本流は公共に開かれた公益的なものということができるであろう。事実，アメリカの税制も，個人や組織が非営利組織に寄付をする

```
第1   文化とレクリエーション（ミュージアム，芸術団体等）
第2   教育と研究（非公立の教育機関，研究機関等）
第3   保健医療（病院，療養所等）
第4   ソーシャル・サービス（福祉，災害・難民救助の機関等）
第5   環境（自然保護，資源保存機関等）
第6   開発と住宅（経済・社会開発，職業訓練機関等）
第7   法律，アドボカシー活動と政治（市民団体，消費者保護団体，政党等）
第8   フィランソロピー仲介，ボランタリズムの応援（助成財団等）
第9   国際活動（開発援助，国際救援機関，文化交流機関等）
第10  宗教
第11  業界・職業団体，連合
第12  その他
```

図表5　非営利セクターの国際分類
『日本経済新聞』1995年2月12日，サラモンらによる分類

場合，所得から寄付分を控除できるという内国歳入法 501条(C)(3)の恩典は，公共奉仕型非営利組織にのみ認められている。

　自ら公益事業を展開する事業型非営利組織と，そのような組織を支援するための助成型非営利組織とに分類することもできる。事業型は，先の表で見られるように，教育，医療，各種社会サービス，芸術・文化，宗教など，サービスを自ら提供する組織である。助成型は，非営利組織を支援するための非営利組織である。助成の内容には，共同募金（アメリカではユナイテッド・ウェイ）のように，非営利組織に資金助成を行って活性化を図るものは比較的知られている。助成型非営利組織のなかには，資金ではなくて，他の非営利組織を情報提供や教育，コンサルティングなどにより支援するものがある。ドラッカー財団（The Peter F. Drucker Foundation for Nonprofit Management；非営利組織マネジメントのためのピーター・F・ドラッカー財団)[5]は1990年に創設され，ニューヨークに事務所を置き，年次国際会議を開いて非営利組織マネジメントに関するセミナーと情報交換の機会を提供している。ドラッカー賞が設けられており，毎年目ざましい成果を上げた組織を表彰し，非営利組織におけるイノベーションを奨励している。

　このような例にみられるように，資金提供や活動基盤強化を通して，非営利組織を支援するための非営利組織のことを，インターミディアリー（仲介的）・オーガニゼーションといったりするが，どちらかというと資金仲介が多いことから，もう少し広い意味をもつ用語として，日本NPOセンターが提唱するように，インフラストラクチャー（基盤的）・オーガニゼーションという呼び方が適切であるかもしれない。

　わが国の法律で認められた法人には，営利法人，公益法人，中間法人がある。民法第34条で規定されている公益法人には，社団法人と財団法人があり，その合計 26,183，ほぼ半分づつである[6]。設立には3つの要件があり，

① 公益に関する事業を行うこと
② 営利を目的としないこと
③ 主務官庁の許可を得ること

とされている。社団法人は，一定目的のために集合した「社員」が組織の基礎であり，財団法人は，一定目的のために拠出された「財産」が組織の基礎となっている。前者の根本規則を定めたものを定款といい，後者の根本規則を定めたものを寄付行為と称している。法律上の規定では，社団法人と財団法人とは明確に区分されているが，実際の運営においては，その差異は相対的，流動的であり，社団法人が財産基金をもったり，財団法人が会員制度を有してその意思を活動に反映させたりするケースも決してまれではない。

民法第34条による公益法人に加えて，学校法人，社会福祉法人，宗教法人，更生保護法人が特別法により定められており，これらを包括したものが「広義の公益法人」とされている。これに加え，1998年3月国会で「特定非営利活動促進法（通称NPO法）」が成立した。非常に簡素化された手続きで非営利組織が法人格を取得できることを目指すべく，1995年の阪神大震災を契機に盛り上がった市民運動に根ざすものであった。法人格を取得するための許可や認可が複雑かつ困難で時間もかかり，法律的根拠のないまま任意団体として活動せざるをえなかったNPOに，法人格を取得させ活動を支援することを目的としている。

非営利組織の定義や範囲はわが国においても定着していない。田尾雅夫は，その著『ボランティア組織の経営管理』において，スタンスを非営利よりもボランタリズムに力点をおく立場を明らかにしている。ボランタリーな意思をもって集まる集合や集団に注目し，それを原点として組織と呼びうるものが生まれてくるプロセスを重視している。そして，成熟したり大規模化することによって，ボランタリズムの心性が失われることが多いことを指摘し，非営利組織という用語よりもボランタリー

組織という用語を重要視している。しかしながら，この用語にも広い定義の幅があることを認め，「明確な定義を拒否するのが，このボランタリー組織である[7]」としている。

本書における非営利組織は，後に詳述するように，社会や人間に対するインパクトを重視している。ミッションに基づく成果を重視している。非営利組織にあっては，ボランタリズムとミッションとが共存する場合が多いけれども，本書の立場としては，ミッションと，それに基づく成果に力点をおき，田尾の軸足とは異なる領域に関心を集めたいのである。

いわゆる社会的経済を長年研究してきた角瀬保雄，富沢賢治，川口清史らは，非営利・協同セクターという概念により，ヨーロッパに倣って，協同組合や共済組合などを含めた範疇を設定しようとしている。非営利組織も協同経済組織も，営利目的ではなく，社会的目的のために開放的，自律的，民主的な組織であることが共通するとしている。その点

①	②	③						④		
特定非営利活動法人（NPO法人）	ボランティア団体	市民活動団体	社団法人	財団法人	社会福祉法人	学校法人	宗教法人	医療法人	町内会・自治会	労働団体	経済団体	協同組合

→ 最広義
→ アメリカで一般に使われている範囲
→ 最狭義

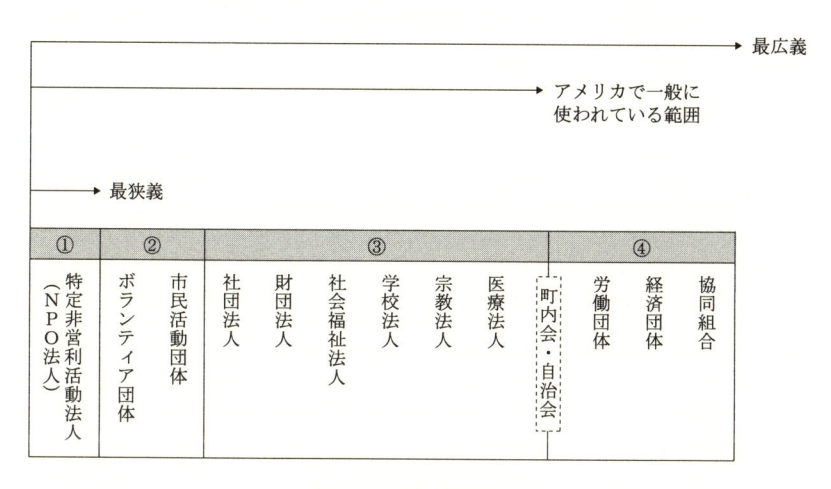

図表6　非営利組織の範囲

経済企画庁『国民生活白書　平成12年版』大蔵省印刷局，2000年，130頁，の図表を一部改変した。本書で扱う範囲は，アメリカで一般に使われている範囲に該当する。

で，サラモンらの定義では研究対象が狭すぎることを指摘するのである。

本書の立場はサラモンの定義に近い。協同経済組織は，文字通り経済に力点がある。われわれの関心は，社会や人間を変革していこうとするミッションとその成果に力点がある。その意味では，協同組合や共済組合はこの研究からは外すことにしたい。

現実には，わが国の非営利組織においても，行政の代行的機関であったり，公益性を喪失している事態もみられる。非営利組織の範囲と現実には，あまりにも広いばらつきがみられる。われわれとしては，そのような現実を意識しつつ，本来の役割を維持している組織を関心の対象としたいと考える。それは，

1．民間のもの
2．利潤不分配
3．ボランタリズムが存在
4．公益的ミッションが組織の基軸

に適合する組織であると認識するのである。

注
1) Osborne, S.P. ed., *Managing in the Voluntary Sector*, International Thomson Publishing, 1997. A.H. ニノミヤ監訳『NPOマネージメント』中央法規，1999，を参照。
2) 電通総研編『NPOとは何か』日本経済新聞社，1996年，24頁。
3) Salamon, L.M., *America's Nonprofit Sector*, The Foundation Center, 1992. 入山映訳『米国の非営利セクター入門』ダイヤモンド社，1994年，22頁。
4) Mason, D.E., *Voluntary Nonprofit Enterprise Management*, Plenum Press, 1984. では，前者を "instrumental"，後者を "expressive" として区別している。
5) この財団は，2003年より The Leader to Leader Institute に名称変更している。
6) 総務省編『公益法人白書』（平成14年度ダイジェスト版―全国公益法人協会発行，2002年）。
7) 田尾雅夫『ボランタリー組織の経営管理』有斐閣，1999年，30頁。

第2章

非営利組織の存在意義とミッション

　これまで，現代社会の座標を明らかにし，組織についての考察を行ってきた。それらを踏まえつつ，非営利組織の存在意義を明らかにしていく。

　この章においては，先ず非営利組織の存在意義を合理的に説明しようとする議論から始める。それは，市場の失敗，政府の失敗と称されるものである。経験財，信頼財といわれる主としてサービスの分野で特に情報の非対称性が存在する分野では，営利でない組織が信頼される傾向があること，公共財や準公共財においても，政府の一律的供給では質的にも量的にも不充分であることなどが挙げられている。そこに非営利組織存在の必然性がみられるとするのである。しかしながら，愛による協働を求める人間の内側からの要請と，現代社会が生み出す環境や人間性にかかわる諸問題への応答という外側からの要請が非営利組織形成にかかわる重要な視点である。すなわち，市場の失敗，政府の失敗の補完という役割を超え，本来的に固有の存在基盤をもっているというべきである。序章でも示したように，20世紀産業社会は病理の様相を呈してきた。自由は，個人の恣意的な自由，権利としての自由を意味し，第1章で示したような真の自由，人間の内面にかかわる自由は実現することが

なかった。そのような社会にあって，人間は大衆として存在した。多元的社会が期待されているが，現実には同質的な大衆社会となり，社会が調和あるものとなるためには，多彩な非営利組織の活動が待たれるのである。

　このような状況にあって，非営利組織は人間の真の自由と社会の調和の実現を志向する。その高次の理念が非営利組織のミッションである。それは非営利組織の生命といえるものである。それぞれの非営利組織は，ミッションに基づく信念と，現実に存在する事業機会と，それをやり遂げる能力を見極め，自らのミッション・ステートメントとして構築し，社会に表明するのである。

第1節　非営利組織の生成

　非営利組織の存在理由について，それを合理的に説明しようとする代表的な議論が二つある。

　第一は，「市場の失敗」といわれるものである。物的商品の場合は，消費者が購買を決定するにあたって，商品の品質や特徴を自ら評価できることが多い。例えば，衣料品を購入しようとする場合，陳列を見て現物に触れ，デザイナーや素材の説明をラベルで確認し，ときによっては試着してみることもできる。これに対して，サービス商品の場合は，利用者が事前にその内容を判断することは困難である。旅行のパッケージ商品を購入する場合，現実に旅行した後でなければ，その良否の判断がつき難い。物的商品は「探索財」であり，サービス商品は「経験財」である[1]。非営利組織の提供するサービスは経験財であり，医療や福祉などの場合，特に提供側と利用側に情報上のギャップが大きいことが多

い。どのような医療が提供されるのか，経験しなければ，もっといえば経験した後でさえも，そのサービスの良否の判断が難しい。例えば，手術の結果，この病状からでは最高の成功といわれたとしても，後遺症が残る場合，本当にそうなのか判断をすることが難しい。それは経験財を超えて「信頼財」ともいうことができるであろう。このような場合は提供側と利用側の「情報の非対称性」とよばれ，ハンズマンの指摘する「契約の失敗[2]」と重ね合わせることができる。利用者は，非営利組織が営利を目的としていないという理由から，営利組織よりも非営利組織に信頼を寄せる傾向が認められる。

　また，市場で評価されないものに対しては機能することがない。そのため，人間性の軽視，地球環境の破壊等が生起する場合がでてくる。明らかに市場にも限界が存在するのである。

　第二は，「政府の失敗」といわれるものである。政府の基本的役割には，道路，港湾，公園，消防，警察などの公共財を提供することが挙げられる。公共財には，非排除性と非競争性という二つの性質があるから，市場メカニズムに依存したのでは安定した供給が期待できない[3]。したがって，政府が望ましい量の公共財を供給することになる。このような公共財と私的財の間には，準公共財といわれる領域が認められる。医療，福祉，教育，芸術などの領域である。このような分野では，政府の供給には量的にも質的にも限界が認められる。これらの領域の必要供給量を全部政府が供給することは量的に難しい。更に，政府の供給は一律・公平を原則とするから，質的に多様な要求に応えることはできない。民主主義の原則により，どうしても市民の平均的常識的ニーズに供給が集中することになりがちである。また，コストの上からも，政府による供給が不利であることが多い[4]。非営利組織は，独自に，多様な要求に応えてサービスを提供できる可能性が高い。国立・公立大学だけではなく，私立大学の存在価値が認められるのである。

以上のような合理的説明に加えて，非営利組織の存在を人間社会の本来的必然性に求める主張がある。

村田晴夫は，組織についての内在的原理と外在的原理を挙げた。内在的原理は，「人間の個の内に保持されているところの組織原理[5]」である。そして，家庭を，「愛・協働」を育て，守る目的をもつ最も原初的な非営利組織とし，人間に本来的に内在する原理が，非営利組織の形成を促すことになるとしている。加えて，時代の要請として外部から促されて出現する組織原理を外在的組織原理とし，現代社会が生み出すところの諸問題——地球環境問題，グローバリゼーションに抵抗するローカリゼーションの問題，さまざまな人間性の抵抗——が，非営利組織の形成を促すことになるとしている。「愛・協働」が世界的に揺らいでいる状況のなかで，組織原理の原初的根拠を備えている非営利組織が，個としての自己の確立と，弱者の論理からの社会的・文明論的要請によって，一層その成立が促されていることを明らかにしている。

19世紀，アメリカを旅行したフランス人アレクシス・ド・トクヴィルは『アメリカの民主政治』を著し，キリスト教に基づく自由と共和精神をアメリカの「心の習慣」として取り上げた。ニュー・イングランドにおける初期の共同体（タウンシップ）こそアメリカの原点であって，市場や企業，行政の機能に先行して，「市民」に根ざす共同体的精神が存在していたことに注目した。その精神や行動が社会における先駆的役割を果たしてきたところに，彼はアメリカ民主主義の基軸を見出した。そこに「アメリカにおいてアメリカ以上のものを見た[6]」のであった。トクヴィルは，ニュー・イングランドに源流をもつ共同体的精神の現れとしての非営利組織の働きが，行政や企業と異なった不可欠の社会的機能を果たしているものとして感嘆の声を隠さず，「アメリカの知的並びに道徳的諸団体ほどに，われわれの眼をひく値打ちのあるものは他にはない[7]」としたのである。筆舌に尽くしがたい植民の困難の中で，一つの

理想社会をつくり出そうとしたニュー・イングランド共同体の原点に非営利組織の生成をみるとすれば，それは人間にとっての根元的な必要に基づくものである。市場の失敗や政府の失敗の補完としての存在というよりは，人類が社会を構成するうえで不可欠な独自の存在意義をもつといえる。

　人間は弱い存在である。物的欲望に駆られ，経済突出による病理をつくり出すことにも至ってしまう。しかし同時に，人間にとっての根源的なものに関わり，調和ある社会をつくり出そうとする存在でもある。営利組織は，社会からの要請に適応し，市場における交換を通してそのニーズに応えようとする。非営利組織は，自らの活動の方向性を絞り，人間や社会の根源的ニーズに応えようとすることによって，その存在意義を明らかにするのである。

　今日，グローバルに活動する非営利組織，例えば，アムネスティ，グリーンピース，国境なき医師団，カトリック教会などの存在をみるだけでも，企業や行政の活動とは異なる意義を実感することができるであろう。非営利組織は，単に企業や行政の補完をすることを超えて，人間の自己実現や愛を目指して生成してくるものということができる。

注
1) 浅井慶三郎『サービスとマーケティング』同文舘，2000年，20頁。
2) Hansman, H., Economic Theories of Nonprofit Enterprise, Powell, W.W. ed, *The Nonprofit Sector: A Research Handbook*, Yale University Press, 1987.
3) 山内直人『ノンプロフィット・エコノミー』日本評論社，1997年，17頁。
4) James, E. & S. Rose-Akerman. *The Nonprofit Enterprise in Market Economies*, Harwood Academic Publishers, 1986. 田中敬文訳『非営利団体の経済分析』多賀出版，1993年，19頁。
5) 村田晴夫「非営利組織の組織原理について」『桃山学院大学総合研究所紀要』第23巻3号，1998年，143頁。
6) Tocqueville, A. de, *De la democratie en Amerique*, 1835. 井伊玄太郎訳『アメリカの民主政治』講談社，1987年，上巻40頁。
7) *Ibid.*, 同訳書，下巻207頁。

第2節　21世紀社会への役割

　20世紀のアメリカ型産業社会は，物的豊かさをもたらし，大衆社会を成立させた。しかし，20世紀の病理は，人間を，人格を備えた人間というよりは，物的な人間，生産力や購買力を行使する人間として扱ってきた。21世紀社会への期待は，このような現実を脱し，人間が本来の自由に生き，しかも機能する社会をつくることであった。人間を疎外から解放し，生き生きと機能する社会をつくることであった。

　20世紀を主導したアメリカの理念はリベラリズム（Liberalism）であった。自由を標榜しているところに，国境を超え，時代を超えた普遍的価値が人々を捉えてきた。ドラッカーの主張に先立つ昔から，自由は人間にとって時代を越え国境を越えて普遍的な価値であった。ソクラテス，プラトンの時代に，ギリシャ人は自由を最も大切なものと考えた。歴史を動かすものとして，軍事力や経済力も大きかったけれども，自由もまた時代を越えて歴史に影響力を与えてきたことは間違いない。自由のために闘い，世界史にインパクトを残していった人達は枚挙にいとまがない。勝利を得ても得なくても，それは人間社会の希望の部分を担ってきた。

　自由が普遍的な価値であって，社会のコア・バリューに据えるにふさわしいものであるとするならば，リベラリズムを旗色とした産業社会が，何故に限界を露呈してしまったのであろうか。

　自由には liberal と free という2種の言葉があり，それに対応する名詞形が liberty と freedom，そして理念としての表現が Liberalism と Freedomism[1]である。現実には2種の言葉は必ずしも明快に区分されて使用されていないようであるが，語源的には大いに意味の差がある。liberty は主人－奴隷関係からの解放を意味するラテン語 libertas を語

源とし，制度的な自由，権利としての自由を表している。一方，freedomは親愛関係を意味する古い英語freoに由来し，精神的な自由を表している[2]。すなわち，libertyは外面的なものを代表し，freedomは内面的なものを代表する。

産業社会の限界は，リベラリズムの限界でもあった。制度や権利の自由だけでは，真の自由が実現できないことが明らかになった。産業社会の現実においては，経済のリベラリズムともいうべき市場経済が社会全体を圧倒した。人々は，本来生活の手段たる経済を，人生の目的であるかのように扱った。政治・文化・共同の機能は圧倒され，社会は調和を失い，人間の真の自由は遠いものとなった。

われわれは，自由を内面的なものにまで深め，それを個人や社会のコア・バリューとして据えることが必要である。外面的な自由を含意するリベラリズム（Liberalism）に加え，内面的な自由を含意するフリーダミズム（Freedomism）を目指すことが重要である。

フリーダミズムが，人間の精神的内面的なものにかかわるとすれば，優れて個人のあり方にかかわり，市民としてのあり方にかかわることになる。先に述べた真の自己を生きるということにかかわる。市民を単に外面的な権利・義務にとどめることなく，その内面に及ぶとするならば，市民とは「各人のおかれた職位や役割やアイデンティティに忠実でありつつも，公的世界への責任を回避することのない21世紀の『歴史的実存』の主体となるべき存在であるといえ」「私民でありつつも，同時に公民でもあるような二重の性格を背負った存在[3]」であるとされる。佐伯啓思は，ヨーロッパの伝統のなかに市民像を見いだし，わが国における未熟性を指摘している。そして，現代産業社会は，企業と消費者が結合して「欲望のフロンティアを拡張していこうとする運動[4]」であると規定している。市場原理に加え，市民原理の重視こそ，社会の構造改革にとって本来のターゲットということができる。

市民なき社会，欲望を絶え間なく拡大しようとする社会に対して，非営利組織はどのようなインパクトをもつことができるであろうか。村田晴夫の指摘のように，内在的組織原理，外在的組織原理の要請のなかで，個としての自己の確立と，弱者の論理を踏まえた活動が求められる。サラモンは，人類が抱える諸課題解決に挑戦するかたちで，世界中で「非営利革命[5]」が生起していると述べ，それは，個人のレベルからも，カトリック教会やボランタリー組織，公的助成機関からも，そして行政組織からさえも拡大が促されていると主張しており，村田の論旨に近い。

　アンソニー・ギデンズは，ウェルフェア（福祉）を経済的概念ではなく，満足すべき生活状態を表す心理的な概念であると捉え，経済的給付や優遇措置だけではウェルフェアを達成することはできないと主張する。従来のウェルフェアが，不足，病気，無知，惨めなどのネガティブな項目に対する経済的サポートに終始しがちであったことを反省し，「不足を自主性に，病気を健康に，無知を（一生涯にわたる）教育に，惨めを幸福に，そして怠惰をイニシアチブに置き換えようではないか[6]」と提唱するのである。彼は，このような形をポジティブ・ウェルフェアと呼び，非営利組織がその役割の主役になることを予定している。

　このような議論は，少しづつ世界の潮流となって世論を形成し，現実を変革する動きとなりつつある。ギデンズの主張は，イギリスのブレア政権の政策に大きく反映されてきている。アメリカでは，政治学者ロバート・パットナムが2000年の著書 *Bowling Alone* において，アメリカ社会における政治参加，市民活動参加，宗教活動，職場における絆などを実証的に分析することによって，共同的活動や共同体参加を現実化するものとしての「社会資本」の縮小を明示した。社会資本の回復こそアメリカの課題であり，非営利組織に期待をかけるという実証に基づく

主張は，アメリカ社会に大きなインパクトを与えている。わが国でも，広井良典は2001年の著書『定常型社会—新しい「豊かさ」の構想—』において，副題にみられるように，新しい豊かさの尺度を経済やその成長に置くのではなくて，持続可能な福祉社会のあり方を論じ，人間にとって根源的なものに豊かさの価値をシフトさせることを主張している。そして，新しいコミュニティとしての非営利組織に大きな役割を期待している。広井の主張は，わが国ではタブーともいえる，経済成長ゼロを定常型として容認する姿勢を打ち出した新鮮な議論となっている。

　非営利組織は，そこに働く人々の間に愛や連帯をつくり出す最前線である。無償で奉仕するボランティア，ミッションのために働くスタッフの協働の中に，産業社会が実現できなかった共同体（コミュニティ）をつくり出す。ボランティアがよく口にする言葉「奉仕のつもりで参加したのに，逆に与えられたものの方が大きかった」というのはこの事実を表している。愛に根ざした活動経験のなかで，自由を体現できたという実感が表出されている。

　ドラッカーは，自らの期待に反して，産業社会がその病理を免れなかった現実を観察し，非営利組織が人間を変革し，社会を変革する機関としての働きに期待したのである。産業社会はマーケティングやイノベーションを駆使し，その結果，ドラッカーの当初の期待に反し，市場で評価されないものを軽視し，地球環境や人間性の問題を生み出してきた。20世紀の企業経営を指導してきたドラッカーとしては，その病理を自ら声だかに非難することは困難であろう。楽観主義ともいえる自らの読み違いを相殺するかのように，非営利組織への期待と支援を意識的に強化しているように筆者にはみえるのである。

　バーナードといい，ドラッカーといい，企業組織を中心に組織理論を組み立ててきた碩学が，次第に非営利組織の重要性認識を深め，現実の活動にも自らの貢献を深めていったところに，20世紀産業社会の系譜を

認識し，非営利組織の可能性を見いだすのである。

　ウィリアム・コーンハウザーは，社会のモデルを，共同体的社会，全体主義社会，大衆社会，多元的社会の4つに分けた。そして，多くの経済先進国は大衆社会であることを指摘し，その問題を提出している。コーンハウザーは，トクヴィルやオルテガの主張を参照しながら，大衆社会は，権利としての平等性を行使しつつも，個人としての自立を達成していない大衆の集合として捉えている。大衆は，自分のイメージに合った指導者を担ぎだそうとし，社会的エリートもまた，大衆に迎合する危険性を指摘する。「大衆社会とは，エリートが非エリートの影響を受けやすく，非エリートがエリートによる動員に操縦されやすい社会制度である[7]」として警鐘を鳴らしている。「社会的疎外は社会のあらゆる次元で生起するであろう。たんに非エリートにおいてばかりでなく，エリートにおいても疎外が進行しているということが，大衆社会の標識である[8]」とするのである。

　コーンハウザーは，このような大衆社会から脱し，自由を社会の編成原理に織り込むためには，個人に自立の契機を与え，他者との交わりのなかで多様な価値観に触れることが重要であるとしている。大衆社会に代えて多元的社会の有効性を論じている。

　すべての社会は3つのレベルをもっていると考えられており，その典型的なものとして，(1)家族，(2)中間集団，(3)国家が挙げられている。民衆は，多様な中間集団の存在により安定した社会関係をもつことができる。例えば，中間集団としての労働組合は，労働者に対して情報や考え方を提供して，エリートからの一方的情報や誘導から保護することができるし，中間集団としての教会は，そこにエリートも非エリートも含むことによって，相互の理解と視点を拡げることができる。

　コーンハウザーは，4つの社会モデルを，中間集団の強さ・弱さ，及

		中間集団の強さ	
		弱い	強い
中間集団の包括性	非包括的	大衆社会	多元的社会
	包括的	全体主義社会	共同体的社会

図表7　社会類型モデル

Kornhauser, W. *The Politics of Mass Society*, Free Press, 1959. 辻村明訳『大衆社会の政治』東京創元社，1961年，より作成。

び包括性・非包括性（成員の生活を包括する領域の大きさ—例えば、アスレチッククラブはスポーツに関する小さな領域だけにかかわるから，非包括的）によっても分類できるとしている。多元的社会は，一定の領域に限定された中間集団を含み，然も強い影響力をもつことによって，自立性・多様性・安定性も強化することになるのである。現実の歴史的教訓として，マルキシズムやファシズムにおける反人類的行動は，中間集団の少なかったロシアやドイツにおいて生じたのである。

　わが国産業社会においては，今少し視点を変えなければならない。わが国では，中間集団としての企業が最も影響力のある主役になっている。国家は，産業組織に不可欠な機関として，機能としての経済を強力に支えている。政・官・財の一体で，同質原則の下に，高度産業社会の発展を切り開いてきた。わが国では，企業という中間集団が突出して強力である。日本的経営という仕組みをもつ企業集団に，われわれは没頭してきた。われわれは余りにも単属的であった。企業が個人を吸収し，自らの原理で染め上げたうえで、弱体化された家族世界に戻している。われわれは，単一社会の原理に支配され、自覚しないままに自由を失っ

てきた。今や，企業以外にも，多くの中間集団に複属することによって，多元的社会の恩恵を享受することが期待される。ここでも，多様で，独自的で，人間の精神にかかわり，個人の自立と連帯を育てる非営利組織の存在意義が確認されるのである。

コーンハウザーはいう。「制度や価値に多様性があれば，個人は異なった行動様式を比較検討できるし，いくつかのモデルの要素を一つの明確な特性に統合することができるからである。自律的人間は自己を個人として尊び，自己を自分の力の担い手として経験したり，あるいは自分の生活を選びとるとともに，他人の生活に影響を与える能力を備えたものとして体験する。個人の自律性は社会や文化から離れて発展するものではない。つまり社会と文化における多元主義が必要なのである[9]」と。そして，多元を実現するものとして，非営利組織の存在を評価するのである。

非営利組織ももちろん完全なる存在ではありえない。独自的価値観に基づく自律的活動のゆえに，独善に陥ったり，社会的公益的に問題を発生させることも生じてくる。時流によって，提供するサービスの内容や地域が偏重しバランスを欠くようなことも生じてくる。ボランティアであるという甘えが，アマチュアレベルから脱却できないで未熟な成果しか生まなかったりするようなことも生じてくる。「市場の失敗」「行政の失敗」と並んで，「非営利組織の失敗」も現実に存在するであろう。しかしながら，21世紀には，20世紀の病理を癒し，人間が自由に生きられる社会を実現することが要請されている。21世紀も組織社会であるとすれば，組織という場に参加することによって，人間の自由に可能性を開き，自己実現させる社会である。非営利組織は，組織の前に立ちふさがるさまざまな問題を克服しつつ，そのような社会の実現に貢献することが期待されている。本節では，非営利組織が，そのような社会実現のド

ライビング・フォースとなりうることを明らかにしてきたのである。

注
1) 島田恒『フリーダミズムの時代―来たるべき多元社会と日本的経営の構想』同友館，1995年，65頁。この本で，「内面的な自由主義」を含意するFreedomismを提唱した。
2) 『平凡社大百科事典』平凡社，7巻7-8頁。島田前掲書に詳述している。
3) 千葉真「市民社会・市民・公共性」，佐々木毅・金泰昌編『国家と人間と公共性』東京大学出版会，2002年，130頁。
4) 佐伯啓思『欲望と資本主義』講談社，1993年，74頁。
5) Salamon, L.M., *The Global Associational Revolution: The Rise of the Third Sector on the World Scene*, The Johns Hopkins University, 1993.
6) Giddens, A., *The Third Way*, 1998. 佐和隆光訳『第三の道』日本経済新聞社，1999年，213頁。
7) Kornhauser, W., *The Politics of Mass Society*, Free Press, 1959. p.39. 辻村明訳『大衆社会の政治』東京創元社，1961年，41頁。
8) *Ibid.* p.237, 同訳書，280頁。
9) *Ibid.* p.110, 同訳書，131頁。

第3節　ミッションとは何か

　ミッション(mission)とは，①自分の恣意を超えた次元の内容を帯びた任務を，②外部へ出ていって達成する，という2本の意味を含んでいる[1]。

　われわれが定義する組織のミッションとは，人間の自由と社会の調和という根元法則にかかわるものであり，高次の理念である。組織はそれを社会的責任の自覚において受け止めて，なすべき使命として組織行動において達成しようとするのである。

　デイビッド・メイソンは，非営利組織のミッションを，「特色ある目的(purpose)[2]」と規定し，ジェームズ・ゲラットは，「どこに行くのか」を決めるべく，組織の目的とかかわらせている[3]。ジョン・カーバーやロバート・アンドリンガ，テッド・アングストロムらも，ミッションとは組織の目的であり存在意義である，それによって社会がどう変わるのか，もしその組織が存在しないとすれば世界に何か欠けるもの

が出てくるのかが示されるものであるとしている[4]。ミッションに関するこのような見解は，上記の定義に近いものである。

　バーナードは，ミッションという言葉は使っていないが，組織が成立するための目的と重ね合わせることができる。バーナードによる公式組織とは，「意識的に調整された活動や諸力の体系」であるから，「意識的に調整され」る方向を決定する中心となるのが目的であり，ここでいうミッションである。バーナードのいう目的は，組織の中核となる価値観を視野に入れたものであり，そこに含まれる道徳性の高さが組織の質を決定することにつながる。組織道徳を創造し，共通目的を創造することによって，目的に共通の意味を与え，協働に必要な強い凝集力を生み出すリーダーシップこそ，管理において最高の意味をもつのであり，組織に内在する諸困難をも克服していくのである。

　われわれは，バーナードやドラッカーも例示に用いており，ミッションの語源にかかわっているカトリック教会の組織事例を観察することにしよう[5]。

　10億を越す信徒を有し，2000年の歴史をもつローマ・カトリック教会の起源は，イエス・キリストが人類の救い主としての使命を自覚して公的生活を開始したことに遡る。イエスは最初に12人の弟子を選び，行動を共にすることによって組織と呼べるものが誕生した。12人の中でも一番弟子とされるペトロをたてて，イエスは「わたしも言っておく。あなたはペトロ。わたしはこの岩の上にわたしの教会を建てる。陰府の力もこれに対抗できない[6]」と宣言し，これがカトリック教会の設立とされている（したがって、ペトロがカトリック教会の初代教皇とされる）。教会は霊的共同体であるとともに，社会に開かれた人格共同体でもある。「体は一つでも，多くの部分から成り，体のすべての部分の数は多くても，体は一つである・・・一つの部分が苦しめば，すべての部分が共に苦しみ，一つの部分が尊ばれれば，すべての部分が共に喜ぶので

す。あなたがたはキリストの体であり，また，一人一人はその部分です[7]」とされている。そして，イエスが自らの昇天にあたって残したメッセージ，「あなたがたは行って，すべての民をわたしの弟子にしなさい。彼らに父と子と聖霊の名によって洗礼を授け，あなたがたに命じておいたことをすべて守るように教えなさい。わたしは世の終わりまで，いつもあなたがたと共にいる[8]」を歴史を経ても変わらざるミッションとして堅持し，教会を維持発展させてきたのである。

初代教会において，ペトロがユダヤ社会を中心に基礎を固めたのに対し，12弟子のうちにはいなかったパウロが主に世界宣教の役割を担った。ユダヤ教を基盤としながらも，その境界を遙に超え世界宗教としての拡がりをみせたのであった。そして，5世紀までに4回開催された公会議において，使徒信条や正典（カノン）としての新約聖書の編成が確定されていった。

World Christian Encyclopedia の推計によれば，カトリック教会の信徒数と人口比率は図表の通りである。

世界には伝道に接していない人々もいること，11世紀には東方教会，

西　暦	100年	500年	1000年	1900年	1980年
信徒数	1	43	50	266	803
世界人口	182	193	269	1620	4374
信徒比率	0.6	22.4	18.7	16.4	18.4

図表8　ローマカトリック信徒数（信徒数，人口は単位百万人，比率は%）

Barrett, D.B. ed., *World Christian Encyclopedia*, Oxford University Press, 1982, p.6, p.8. より合成作表した。2000年における世界人口は60億人，カトリック信徒数は10億人と概算されている。

16世紀にはプロテスタント教会が分派していること，20世紀の人口増加は発展途上国であり，その大部分は異教国——しかも改宗が禁止されている国が多い——であることなどの事情を考慮すると，カトリック教会は紆余曲折を経ながら，今日に至るまで活性化された組織を維持発展させているということができる。分派された2つの教会を含めると，キリスト教全体では世界人口の約33％を占める信徒数を有するものとみられている。

しかしながら，現実の歴史のなかで理想的にばかり進んできたわけではない。それどころか，多くの問題や紛争をも表面化させてきた。初代教会時代ですら，指導者の雄であったペトロやパウロの間にさえ論争が起こっていた。分裂分派も現実であった。ローマ帝国の迫害時代を経て，4世紀始めにキリスト教が公認されてからは，逆に支配階級化や世俗の権力との結託などもみられるようになった。中世にはそれに抗議したウィクリフやフスが迫害されたり殉教したりすることにもなった。そして遂に，マルチン・ルターが1517年宗教改革のノロシをあげ，カトリック教会は危機的な状況に追い込まれることになったことは歴史が伝える通りである。

しかしそのような危機のときにも，ミッションの原点に立ち戻って，カトリック教会を内部から革新する貢献者が現れた。マルチン・ルターの信念と勇気に燃えた姿勢が多くのヨーロッパ民衆をプロテスタントに魅きつけていくなかで，イグナティウス・ロヨラはカトリック教会の刷新とミッションへの回帰を図りイエズス会を創設，積極的に活動を開始した。そのイエズス会に属するフランシスコ・ザビエルが1549年伝道のため鹿児島に上陸，日本にキリスト教を初めて伝えたのである。自らの使命を受けとめる責任的主体的応答としての貢献者が現れ，ミッションの原点に回帰する働きをしてきたのである。

現実の組織に完全はない。理想もなかなか実現しない。誤りを犯しな

がら，原点に立ち戻りながら現実の組織はその営みを続けていく。それが現実の組織なのであろう。しかし，誤りを犯しつつも，原点に立ち戻ることのできる活性が存在するかどうかが決定的に重要である。バーナードの言葉でいうならば，「これらの目的が高くて，多くの世代の多数の人々の意思が結合されるときには，組織は永遠に存続することとなる[10]」のである。

このように理解するならば，カトリック教会はその長命の原因を，ミッションを基軸として守ってきたことに帰することができる。

非営利組織は，価値的側面を色濃く滲ませ，それに依拠しながら組織の事業領域と達成内容をミッションとして表現していく。営利組織は，売上・利益を指向して事業領域と達成内容を設定していくことが現実となっている。価値観を含ませる場合にも，経済的側面――例えば，電化製品を豊富に提供する，といったもの――を重視するのに対し，非営利組織は，一般に，人間を変え社会を変えていこうとする価値観をミッションの中核に位置づける。人間の真の生きざまを目指し，愛にかかわり，自由を実現しようとする。この意味で，ミッションこそ非営利組織の生命であるということができるのである。

注
1) オックスフォード英語辞典（*The Oxford English Dictionary*, Oxford Univ. Press）によれば，古くは，イエズス会の間で外国の神学校や宣教のために派遣するという意味で，「一連の宗教的礼拝，説教，教示」「特別な軍務」「天職」「在外公館」「宣教団」などの意味が派生している。非営利組織のミッションという場合に最も近い意味は，「政治的，宗教的，あるいは商業的目的のために遂行される重要な任務」である。研究社の『羅和辞典』によっても，mission の語源としての missio は，使命と伝道の両義を含んでいる。「使命」は，『広辞苑』によると，「使いとして命ぜられた用向き」「使いの役目」「使者」「自分に課された任務」「天職」となっている。キリスト教においては，キリスト教をまだ受け入れていないところへ派遣されて伝道するという宗教的なもの，キリスト教にとって最も根元的な使命という意味を踏まえている。
2) Mason, D.E., *Voluntary Nonprofit Enterprise Management*, op.cit., p.37.
3) Gelatt, J.P., *Managing Nonprofit Organizations in the 21st Century*, The Oryx

Press, 1992, p.1.
4) Carver, J., *Boards That Make a Difference*, 2nd ed., Jossey-Bass Publishers, 1997, p.58.
Andringa, R.C. & T.W. Engstrom, *Nonprofit Board Answer Book*, National Center for Nonprofit Boards, 1997, p.16. 但し，海外文献のなかには，ミッションは事業領域と達成内容に限定し，それに組織の価値観を加えたものをビジョンとしている定義も見られる。例として，Wall, B., M.R. Sobol & R.S. Solum, *The Mission-Driven Organization*, Prima Publishing, 1992, pp.33-35, が挙げられる。
5) この事例研究に参照した文献は，小野豊明「カトリック教会の本質と参加的条件」，山田經三「カトリック教会組織の一考察―参加的組織をめざして―」，組織学会編集『組織科学』Vol.11 No.2, 丸善，1977年。小野豊明「カトリック教会の組織―刷新と継続の典型」『組織科学』Vol.15 No.1, 1981年，の3論文の他，Barrett, D.B. ed., *World Christian Encyclopedia*, Oxford University Press, 1982, 中村義治『世界キリスト教百科事典』教文館，1986年，Erlandson, G. eds, *Catholic Almanac 2000*, Our Sunday Visitor, 1999, カトリック中央協議会『カトリック教会ハンドブック2000』カトリック中央協議会，1999年，斉藤正彦『キリスト教の歴史』新教出版社，1999年福田寛子『歴史と教会』聖公会出版，1992年，などである。聖書はプロテスタント，カトリック両教会による新共同訳『聖書』日本聖書協会，1991年によった。他に，Holy See（バチカンの正式名称「聖座」）のインターネット・ページを参照し，カトリック教会中央協議会（東京都江東区）を訪問（2000年6月），面談調査した。
6) 聖書「マタイによる福音書」16章 18-19節。
7) 聖書「コリントの信徒への手紙1」12章 12, 26-27節。
8) 聖書「マタイによる福音書」28章 19-20節。
9) Barnard, C.I., *The Fuctions of the Executive, op.cit.*, p.177. 前掲訳書，185頁。
10) *Ibid.*, p.284. 同訳書，296頁。

第4節　ミッション・ステートメント構築の要件

　ミッションが「自分たちがなすべき使命」であり，ミッション・ステートメントが中核的価値観，組織の事業領域，達成しようとする内容，を含むものであるとするならば，その構築にあたっては，信念，機会，能力の3つのものが必要である。心底信じている価値は何か（信念）を確かめ，自らが貢献しようとする外部対象の側からみてニーズがどうなのか（機会），自らの限られた資源のもとで卓越性を発揮できるのか（能力）を検討し，それらによって精錬されたミッション・ステートメントが構築されなければならない[1]。それがなければ，非営利組織

の成果はあげられず，その働きのために人間を動員することもできない。非営利組織にとって重要なことは，立派な言葉で飾られたミッション・ステートメントの有無にあるのではない。組織の強みを機会に結び付け——その分析や戦略は第2部で詳しく論述される——，固い信念のもとに成果をあげることが重要なのである。

　ミッション・ステートメントは独自的なものが要請される。非営利組織の存在は，多元的社会実現への期待を担っていた。そうであるとすれば，さまざまで独自的なミッション・ステートメントをもつことが社会にとって望ましい。また，独自的なものに絞り込むことによって，そこにおいては卓越した成果をあげることが期待できる。

　非営利組織には，先駆性もまた期待されるところである。現状に問題を提起し，時代の先駆的役割を果たそうとするのである。環境NGOといわれる組織や，政治的アドボカシーをミッション・ステートメントとする組織はこのような役割を担いつづけている。

　ミッションはその組織の根元的使命である。外部環境や内部環境，信念に余程の変化がないとすれば，そう簡単に変更すべき性格のものではない。したがって，ミッション・ステートメントは時代を超えていく真理を含み，人間や社会から受け入れられるものであることが望まれる。第1章の非営利組織定義のなかで，「公益的」とした意味がここに含まれる。通常の努力ではなかなか達成できそうにないけれども，人間や社会を魅きつけるロマンのようなものが感じられることが望ましい。

　淀川キリスト教病院は新大阪駅の近くに位置し，600床を有する総合病院である。この病院のミッション・ステートメントは，創立者ブラウン医師によって定められた「全人医療」という簡潔なものである。「からだと，こころと，たましいが一体である人間（全人）に，キリストの愛をもって仕える医療」と定義されている。健康保険制度の下でなしうる最高度の医療を目指しつつ，なおかつ病める人々の心と魂への配慮を

も目指そうとしている。自らが定義した全人仮説にもとづく人間観に依拠している。病院といえば，医療者のペースで進められ，患者本位になっていないのが一般であった。検査と薬漬け，データを見て患者を見ない，技術優先の延命治療など，体の治療（キュア）に集中してきた。この病院は，それを超え，心と魂への配慮（ケア）も医療の対象としてきたのである。この病院には，西日本で最初に開設されたホスピスがある。癌末期患者への全人的ケアとしてのホスピスは，検査や延命に徹しがちな現代医療の視点を超え，人生最後の時期を人間としての尊厳と平安をもって過ごせることを優先した「全人医療」を象徴する医療である。ガンの末期患者を検査や薬漬けにしないで，残された人生を人間らしく豊かに締めくくってもらうことを目指している。

　ホスピスが開設された1984年時点では，病院が人間を「全人」として理解し，総合的に医療の対象領域とするという考え方はまさに独自的であり，時代に先駆するものであった。当時の保険制度では，到底ホスピスの経済性は維持することができず，ミッションを訴え，ホスピスの重要性を訴えることによって基金を整えつつスタートしたのであった。そしてその先駆的働きは社会の認めるところとなり，厚生省は1990年に至ってホスピスの診療報酬基準を改定し，2002年末には日本全国で100以上のホスピスが公認され活動するまでになってきている。「全人医療」というミッション・ステートメントが，上述した要件を充たし機能している事例とみることができる[2]。

　先にも触れたドラッカー財団のミッション・ステートメントは，'To lead social sector organizations toward excellence in performance（社会セクターにある組織を，卓越した成果が上げられるように導くこと）'となっている。ドラッカーは，非営利組織こそ，21世紀多元的組織社会の中で重要な役割を果たすという確信をもち，それが卓越した成果を目指すための支援の機会を，自らの専門能力が優れて発揮で

きるマネジメントという領域に限定し，信念をもって貢献を開始したのである。自らが人間や社会に働きかけるという事業型ではなく，事業型非営利組織をサポートすることをミッションとすることによって，財団自身としても卓越した成果をあげようとしているのである[3]。

注

1) Drucker, P.F., *Managing the Nonprofit Organization*, Harper Collins, 1990, pp.5-6. 上田惇生・田代正美『非営利組織の経営』ダイヤモンド社，1991年，10-11頁，では，「使命が第一」とされた上で，3つの要件が指摘されている。
2) この事例は，淀川キリスト教病院40周年記念誌編集委員会『淀川キリスト教病院40周年記念誌』淀川キリスト教病院，1996年，及び，柏木哲夫監修『ホスピス開設10周年記念誌』淀川キリスト教病院，1994年，による他，筆者の同病院顧問としての参加的観察によるものである。
3) この事例は，ドラッカー財団の各種印刷物による他，同財団が主催する年次セミナーへの筆者の参加経験によるものである。

第5節　ミッションベイスト・マネジメント

バーナードは，組織における価値的側面である道徳性を極めて重視した。主著において，人間論，協働論，組織論を精緻に構築してきたバーナードは，第4部において管理論を取り上げ，最終第17章に至って，迸り出るかのような迫力をもって道徳性の問題に論及することになる。組織における価値的側面の重要性を強調することをもって主著を締めくくるのである。

一定の能力と責任感を備えていれば，低級なあるいは反社会的な目的をもつ組織でも成立し，維持されることもある。「しかし，組織の存続は，それを支配している道徳性の高さに比例する。すなわち，予見，長期目的，高遠な理想こそ協働が持続する基盤なのである[1]」とバーナードは述べる。協働の基盤としてのミッションの質が，持続を左右することになる。カトリック教会の事例や，さまざまな非営利組織の事例の検証は，そのようなミッションの重要性を支持している。

1982年に上梓された『エクセレント・カンパニー[2]』は，副題に「アメリカの優良企業からの教訓」を掲げ，優良企業は国境を超えて一貫した共通項をもっていることを明らかにした。著者はそれを8つの原則にまとめ，大部の著書にもかかわらず世界的ベストセラーとなり，大きな影響力を生み出した。彼らは，実証的理論的検証にもとづいて，優良企業の合理的側面の特徴を摘出したが，アメリカの風土における事例であるにもかかわらず，企業の価値的側面の重要性をことさら強調したのであった。それを実証する事例を集めるとともに，理論的裏付けとして，最も重視したのがバーナード理論とその精神的継承者ともいわれるセルズニクの理論である。彼らは，バーナードが組織における価値的側面を重視したことに注目し，「経営最高責任者のもっとも重要な役割は，その組織に共通の価値観を形成し，指導していくことだ，と言ったのも私たちが知るかぎりではやはりバーナードが最初である[3]」と評価している。著者は，優良企業に関する研究の結果，8つの原則のうちからただ一つの真理を求められたとしたら，次のように答えるとしている。「自社の価値体系を確立せよ。自社が何のために存在するのかを決定せよ。働く人の誰もが仕事に誇りを持つようにするためになにをなしているかと自問せよ。10年，20年さきになって振り返ってみるとき，満足感をもって思い出せることをしているかと自問せよ[4]」と。そして，現実には，「バーナードとセルズニクの研究は現場の経営者に不当に無視されすぎている[5]」とみたのである。

優良企業について論じたこのベストセラーから10数年経って，価値的側面を重視することが優良であるための最大条件とした仮説は，必ずしも現実に妥当しなかった。彼らが例示した当時の優良企業の多くは，優良性を継続することができなかった。彼らが，価値観を重視する最も典型的事例として挙げた IBM は，その後，業績が極めて悪化した。遂に生え抜きの経営責任者は退陣して，ナビスコからガースナーが業績建て

直しに乗り込み，IBMに培われた価値観を壊し，財務中心の合理的施策を徹底した。そして，業績の回復を可能にしたのである。ガースナーは，その業績への貢献によってトップ10に入るような高額年収を手にしたが，多くの従業員は解雇され，合理的な能力主義が強化された。「個人の尊重」を価値観の第一義として極めて重視したIBMは，アメリカ流の普通の企業になることによって「優良」に戻ったのである。ここに，企業における価値的側面重視の限界を見せつけられる。結局は財務業績が徹底され，合理的側面が優先され，それに資する範囲においてのみ価値的側面が認知されるのが営利組織における限界である。企業におけるこのような現実のなかで，ドラッカーはかつての期待が実現されないことを認識し，価値的側面を重視する非営利組織に期待を寄せ，そこにミッションを基軸としたマネジメントの可能性を見いだしたのである。

　ミッションベイスト・マネジメントとは，ミッションを上位概念として，目標，戦略，戦術をフォローさせ，成果を達成しようとする活動である。バーナードに沿っていうならば，道徳的リーダーシップを起爆剤とし，組織の諸要因を活性化させ，有効性と能率を達成していくのである。それによって，関連する個人が自由に生きることのできる場を提供しようとするのである。そのためには，非営利組織は，立派な意図を掲げるにとどまらず，現実的な成果を生まなければならない。非営利組織の基軸たるミッションに基づいてマネジメントを展開し，実践的成果を達成しなければならない。マネジメントの中心は，事業展開に関するもの，人材に関するもの，管理責任に関するものが柱となる。それらについて考察することが第2部に委ねられた課題である。

注
1）Barnard, *op.cit.*, p.282. 前掲訳書，285頁。
2）Peters, T.J. & R.H. Waterman Jr., *In Search of Excellence: Lessons from Best-Run Companies*, Harper & Row, 1982. 大前研一訳『エクセレント・カンパニー／超優良

企業の条件』講談社，1983年。ここでは，副題は原著に忠実に訳した。
3) *Ibid.*, p.97.　同訳書, 175頁。
4) *Ibid.*, p.279.　同訳書, 469頁。
5) *Ibid.*, p.97.　同訳書, 174頁。

第 2 部

非営利組織の管理

第 3 章

事業展開とその基軸

　非営利組織は，第1部で明らかにした存在意義に基づいてミッション・ステートメントを表明し，人間や社会の変革にかかわり，成果をあげることが要請される。それが第2部の課題であり，非営利組織の管理である。事業展開，人材管理，管理責任について論述する。それは，ミッションベイスト・マネジメントとして貫かれる。
　第3章「事業展開とその基軸」では，事業展開をマーケティングとして扱い，非営利組織においても不可欠の課題であることを示したうえで，マーケティングの特質，戦略的課題，戦術的課題を論じ，最後に非営利組織に特有な資源獲得の問題を検討している。
　マーケティングは，ミッションを社会に表明し，具体的成果を達成するために，自らに適合した事業領域を設定し，クライアントのニーズを見極めてミッションと一体化させ，価値を創造してクライアントや資源提供者との間に交換を実現する機能である。マーケティングは営利組織のみならず，非営利組織が成果を達成するために不可欠な機能である。その理論は，営利組織とも共通する部分があり，非営利組織の特質といえる部分もある。財務が最終的尺度にならないこと，マーケティングの対象が二重であることなどが異質のものである。戦略の決定は，事業領域と卓越性の確立が課題であ

る。それは，現況の客観的認識，未来環境の予測分析，戦略の決定という3フェーズによって行われる。「ミッション―経済」マトリクスやSWOT分析が活用され，戦略が決定されていく。事業領域ポートフォリオの構成と，卓越性確立のための差別化要素の選択と実現が重要である。それらの戦略のもとに，手段としての戦術が4つのPをめぐって構築される。4つのPは，それぞれに研ぎ澄まされなければならないが，最終的には，戦略のもと，調和のとれたマーケティング・ミックスとして確定される。マーケティングは，合理的要因が重要であるけれども，同時に価値的要因も重要である。ミッションを差別化戦略のなかに基軸として据えることによって，卓越性を確立し，ミッションを具体的に成果として達成することができる。

　非営利組織に特有な資源獲得のためのマーケティングにおいても，ミッションが重要な基軸となる。寄付者やボランティアの個別動機は多様なものがあるとしても，基本的にはミッションへの共感である。組織が資源提供者の期待に応えてミッションを達成しているという事実，そのために資源の提供が役に立っているという実感が重要であり，アカウンタビリティとして開示伝達されなければならない。

第1節　マーケティングとは何か

マーケティングの原点

　マーケティングは企業のものという誤解が存在している。マーケティングは，市場の激しい競争を勝ち抜くために，自社の商品を誇大に見せ

かけたり，顧客に働きかけて購買する気にさせてしまう操作手段であるというイメージが根強く存在している。自動車や電器製品，衣料品に見られるように，まだ実用的に十分使えるのに，もっと優れたもの，もっと恰好よいもの，もっと流行に乗ったものを広告を通して見せつけ，買換えの消費を煽る操作手段であるというイメージにもつながる。現実にそのような活動が存在することも否めない。マーケティングは，営利のための企業のものと考えられがちであった。当然，非営利組織には馴染まないもの，非営利組織にあってはならないものという誤解が生ずることとなっていった。

　仮に，企業のマーケティングに対して正当な理解をもっていたとしても，非営利組織にとっては不都合なものという誤解は残ってしまう。すなわち，必ずしも受益者に届くサービスそのものではないマーケティング活動に，善意で寄せられた貴重なお金を消費することは許されないというのである。

　産業発展の歴史のなかで，需要が供給を上回っている場合においては，企業はもっぱら生産力を拡大し市場に供給することによって充分な売上と利益を獲得することができた。わが国でも，太平洋戦争直後においては物資は欠乏していたから，企業は原料と設備を調達することに重点を注ぎ，生産を拡大することが経営努力の最重要事項であった。しかしながら，生産力が回復し人々の基礎需要が充たされてくると，需要より供給が大きくなり，企業は生産よりも販売に重点を注がなければならないようになってくる。大量生産が進み，それを消化する大量消費が必要になると，生産したものをいかに売るかという視点ではなく，顧客が購買してくれるものをいかに発見して生産するかという視点に逆転していかざるを得ない。そうでなければ，生産されたものが市場で顧客を獲得できず，商品在庫の山ができるだけのことになってしまう。

　顧客からの出発，顧客志向への逆転，このような視点の変更こそマー

ケティングの原点である。先進国，それも大量生産を最初に確立したアメリカでマーケティングが発展したのは当然の成り行きであった。それによってアメリカは，大量生産を大量消費に結びつけ，顧客の要求する商品やサービスを有効に供給することによって，経済を飛躍的に拡大していくことに成功したのであった。

　マーケティング活動には完成がない。企業を取り巻く社会環境は早いスピードで変化し，企業内部の条件も変わっていく。それらの状況に適合しながら，常にマーケティングという武器を研ぎ澄ませ活用していくことなしには企業の存続が保障されることはない。かつて GM は，所得や好みのランクに応じて魅力的な数々の商品ラインを顧客に提供し，真っ黒な T 型モデル一色のフォード車を逆転してマーケティングの成果を実証してみせた。しかしながらその GM も，日本車やドイツ車がどうしてアメリカで愛好されるようになったのかを理解するのにあまりにも多くの時間を費やし，一時は売上と収益を大幅に後退させた。アメリカ中産階級の欲求を充たすことによって，世界最大の小売店となったシアーズ・ローバックは，高級婦人服店と安売り店の間に挟まれて方向を見失い，すべての顧客を得ようとしてすべての顧客を失望させてしまった。そして，マーケティングを研ぎ澄ましたウォルマートに簡単に首位を明け渡してしまった[1]。現代の企業の成功は，基本的にはマーケティングの成否に懸かっている。そしてそれは，絶えざる改善とイノベーションを必要としている。

　非営利組織におけるマーケティングはなによりも，一人ひとりの人間の真の自由の達成，すなわち真の自己実現と，経済・政治・文化・共同の 4 要因が調和しているような社会の実現に向けられている。非営利組織は，マーケティングを通してその理念を宣べ伝え，現実社会が経済に傾斜し病理を生み出している状況のなかで，文化や共同の要因に比重を

おいて社会の調和に貢献しようとするのである。そのことによって，社会に対する責任を果たし，人間の真の自由への道を目指すのである。

　非営利組織におけるマーケティングは，そのような理念の表明に止まらず，それに基づく成果を達成しなければならない。マーケティングは組織の成果を達成するための基本的機能である。非営利組織も組織であり，ミッションを推進するための基本的機能はマーケティングに求められる。現実に成果を達成するためには，自らの諸能力を結集して卓越性を発揮できる領域を設定し，その領域における社会ニーズの本質を知る努力と個人のニーズを分析する努力が伴っていなければならない。非営利組織は，受益者を，恵みを一方的に施す対象とは見ないことが大切である。受益者のニーズを見極め，自らの信条とするミッションとを一体化させていく視点が重要である。いいかえれば，われわれが非営利組織活動の成果を受益すべき対象という意味で用いるクライアント志向のマーケティングが必要である。もともと非営利組織はクライアントの立場を考え，その真の自己実現という根元的ニーズに応えようとするところから出発している。それが非営利組織の原点である。

非営利組織のマーケティングの定義
　そこでわれわれは，非営利組織のマーケティングを次のように定義する。

> 非営利組織におけるマーケティングとは，人間の真の自由と社会の調和を志向するミッションを社会に表明し，それに基づく成果を達成するために，自らに適合した事業領域を設定し，そのニーズを見極め，ミッションと一体化させることによって価値を創造し，クライアント[2)]や資源提供者との間に自発的交換を実現するための機能である。

フィリップ・コトラーが非営利組織の存在を充分意識して策定した定義を参照することにしよう。

コトラーによる定義[3]

マーケティングとは，組織目的を達成するために，標的とする市場との間で自発的な価値の交換を行うべく設計されたプログラム，とりわけ入念に定式化されたプログラムの分析，計画，実行および管理のことである。そしてマーケティングを支えるのは，まず標的とする市場のニーズと欲求の視点から，組織の提供物を企画・設計すること，ついで適正・有効な価格づけをすること，さらに市場に向けて告知し，満足を与えるために有効なコミュニケーションと流通・分配を行うことである。

コトラーにおいては，非営利組織におけるマーケティングについても営利のそれと類似させ，市場，標的というキーワードも使用しながら，組織目的を達成するための戦略と戦術次元をカバーする，合理的機能面を重視した定義となっている。

マーケティングの一般的定義は，アメリカ・マーケティング協会（AMA）のものが広く用いられる。その定義と改定は次のようなものである[4]。

1935年の定義

マーケティングとは，生産から消費にいたる，商品とサービスの流れにかかわる，ビジネス活動である。

1948年の改定定義

マーケティングとは，生産者から消費者あるいは使用者に，商品およびサービスの流れを方向づける，ビジネス活動のパフォーマンスである。

1985年の改定定義

マーケティングとは，個人および組織の目的を満足させるための交

換を創造する，アイディア，商品およびサービスの企画開発，価格設定，販売促進および流通にかかわる計画と実施のプロセスである。

　上記にみられるように，1935年の最初の定義と1948年の第1回改定では，マーケティングは企業のものという認識であった。それに対して，1985年の第2回改定では，マーケティングの主体が，営利組織のみならず，個人および非営利組織を含んだものに拡張されている。そして，マーケティングの客体が，商品とサービスのみならず，アイディアを含んだものに拡張されている。

　マーケティングはミッションの達成のため機能する。そして，その対象とするクライアントは，誰でもというものではなく，一定の対象に絞られる[5]。そのような姿勢をとりながら，マーケティングは事業のプログラムとして入念に設計される。それは科学的，論理的一貫性をもったものであり，分析の上に立って，計画―実行―評価というプロセスを取りつつ磨き上げられていく。

　そして，競争状態が拡大してきた現実のなかで，非営利組織にとってもマーケティングは存続するための必要条件にもなってきている。コトラーは「組織がマーケティングを意識するようになるのは，まさにその市場に変化が起こるときである[6]」という。非営利組織においても，まさにクライアントの減少，寄付資源獲得の困難が変化として顕著に現れてきたのである。

　非営利組織の現実においても，現場の人々（コンタクト・パーソネル）の努力や対応によって組織としての成果が実現する。しかし，それが成功するかどうかは，組織が採用しているマーケティングの卓越性に大きく依存している。適切なマーケティングによって，具体的に次のような成果が期待できる[7]。

(1) クライアントの満足を改善すること

　　クライアントのニーズや欲求に適応する形でミッションを現実

化することができる。マーケティングの原点は，クライアントからみた価値を重視することである。

(2) 経営資源の吸引力を改善すること

資金，寄付，ボランティアなど，組織の経営に必要な資源に働きかけ，組織への吸引力を強化することができる。

(3) 財務の効率を改善すること

プログラムの開発，実行，管理を全体の計画のなかで位置づけ，優先度に従って遂行することによって，限られた費用を効率よく使用することができる。

(4) 組織の活性度を改善すること

成果を目の当たりにすることによって，職員やボランティア，さらにはクライアントによい影響を与え，参加や貢献の意欲を増進することができる。

(5) ミッション，目標，戦略等の妥当性を評価できる

適切なマーケティングが成果を生み出しているかどうかによって，組織に開かれている機会や能力が，現実に妥当しているかどうか判断することができる。

注

1) GMやシアーズの事例は，ドラッカーがよく紹介する事例である。例えば，Drucker, P.F., *Managing the Nonprofit Organization*, 1990, Harper Collins, p.70. 上田惇生・田代正美訳『非営利組織の経営』ダイヤモンド社，1991年，90頁。
ニーズを欠乏感に基づくもの，ウォンツを創り出されるものとして区別し，先進国のマーケティングはウォンツ充足に向かうとする指摘もある。

2) 非営利組織のサービス対象に対して，Drucker, Kotler, Lovelock, Brinckerhoff, Gelattら，アメリカの研究者多数はcustomerを使用し，Mason, Osterら，少数がclientを使用している（Salamonはcitizenという用語を多用する）。わが国では，渡辺好章は「顧客」とし，小島廣光は「受益者」とし，田尾雅夫は「クライエント」を主として使用している。日本語の語感として，「顧客」ではビジネス感覚に近いし「受益者」では非営利組織の方から恩恵を与えるという語感が強いので，本書では原則的に「クライアント」を採用した。

3) Kotler, P., *Marketing for Nonprofit Organizations, op.cit.*, p.6. 前掲訳書7頁。

4) 日本マーケティング協会資料および渡辺好章「非営利組織のマーケティング」『ハー

バード・ビジネス』ダイヤモンド社，1992年 6-7月号，83頁。
5) Lovelock, C.H. & C.B. Weinberg. *Public & Nonprofit Marketing*, 2nd ed., Scientific Press, 1989. 渡辺好章・梅沢昌太郎監訳『公共・非営利組織のマーケティング』白桃書房，1991年，では，「マーケティング戦略のために選ばれた各標的市場は，組織の使命から引きだされるべきであり，その逆ではない」(186頁) とされている。
6) Kotler, P. *Marketing for Nonprofit Organizations*, 2nd ed., Prentice Hall, 1982. p.8. 井関利明監訳『非営利組織のマーケティング』第一法規出版，1991年，10頁。
7) Kotler, P. *Marketing for Nonprofit Organizations*, *Ibid.*, 前掲訳書, Lovelock, C.H. & C.B. Weinberg. *Public & Nonprofit Marketing*, *op.cit.*, 前掲訳書, Brinckerhoff, P.C., *Mission-Based Marketing*, 1997, Wiley, を参照している。

第2節　非営利組織マーケティングの特質

　マーケティングは，企業による厳しい市場競争のなかから生まれ研ぎ澄まされてきた。マーケティングの原点がカスタマー志向でありクライアント志向である以上，非営利組織にとっても企業のマーケティングから学ぶところは少なくない。しかし反面，非営利組織固有の特質もまた重要である。ここでは主な事項に簡単に触れ，詳しくは戦略や戦術展開のなかで取り上げていくことにする。

(1) 決算が財務諸表でないこと

　　非営利組織の目的はミッションの達成である。企業のように財務諸表によって一元的に管理することができない。非営利組織の決算はしばしば抽象的主観的である。マーケティングが向かう方向も曖昧になる危険性をもっている。ミッションに基づく目標をできるだけ客観的な尺度や数値に置き換え，マーケティングが向かう方向や評価も明確化される必要がある。

(2) モノではなくヒトに関わる働きであること

　　企業においては，マーケティングは主に物財の大量生産に伴って発展してきたという歴史がある。非営利組織の働きは，人間に関わるサービスや社会行動に関わることがほとんどである。

ドラッカーの言葉を借りるならば，非営利組織は「人間変革機関」であり，その製品は「変革された人間」である[1]。例えば大学という教育組織で付加価値をつけ，しっかりした知識と人生観をもった学生，人間や社会の問題に貢献する喜びを教えられたボランタリー集団の会員ということになる。

企業においても，モノに関わるマーケティングに比較して，ヒトに関わるマーケティング，サービス・マーケティングは研究が遅れている。非営利組織も，21世紀社会を形成するマーケティングの高度化に鋭意取り組む必要がある。

(3) 対象の二重性

非営利組織マネジメントに焦点が絞られた本格的な著書 *Voluntary Nonprofit Enterprise Management* を1984年に発表したデイビッド・メイソンは，マーケティングが向かう対象が二重になっている事実（デュアル・システム）に注意を喚起している。すなわち，企業活動においては，企業が提供する物財やサービスは，顧客に満足をもたらすものとして支払いを獲得し，直接交換（取引）されて終結する。非営利組織においては，図表で示されるように，クライアントが受け取るサービスの対価を支払うとは限らない。全額支払う場合の方がむしろ稀である。国際協力などの場面においては，全くの無償でクライアントにサービスを提供する方が普通である。そこで非営利組織のマーケティングは，クライアントに対する次元と経済的資源提供者に対する次元という二重性を帯びることになる。直接出会うことのない二者が，組織によって媒介され，統合されていく。統合を可能にする基軸はミッションである。しかも看過してはならないことは，非営利組織の成功は，資源を無償で提供する寄付者やボランティアの満足に依存するのではなく，サー

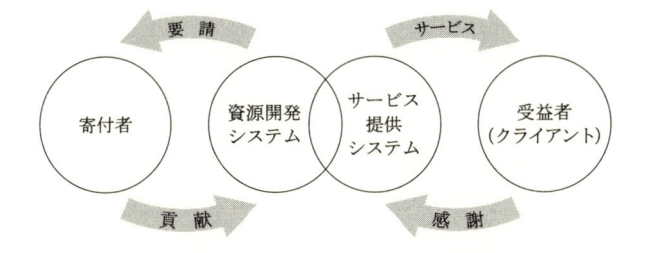

図表9　非営利組織におけるマーケティングの二重性
David E. Mason, *Voluntary Nonprofit Enterprise Management*, Plenum Press, 1984, p.65.

ビスの提供を受けるクライアントの満足に依存するのである。

(4) 当面のクライアント満足に反したり，ニーズを減らしたりする場合があること

　　非営利組織のマーケティングでは，例えば禁煙キャンペーンや麻薬追放キャンペーンのように，対象とする人々の満足と逆のことを意図する場合がある。当面の苦痛にもかかわらず，キャンペーンのメッセージを受け入れて行動を変革することによって，本人や社会の真の満足につながることを信じて行われる。また，サービスに対する需要があまりにも過剰で，ミッションを損なう恐れが出る場合には，需要を一時的もしくは長期的に減らすこと（ディ・マーケティング）が要請される。例えば，ある美術展があまりにも人気を集め，3時間の行列ができ，しかもゆっくり鑑賞するゆとりがなくなるという場合である。過剰な需要を減らすため，美術館は価格を引き上げたり，広告を少なくするなどの措置をとって，本来の美術ファンにゆっくり鑑賞してもらうことを検討しなければならないことになる。

　　企業のマーケティングとは異なり，非営利組織のそれは，必ずしも純市場志向とはいえない。

注
1) Drucker, P.F., *Managing the Nonprofit Organization*, op.cit., p.3. 前掲訳書，5頁。

第3節　事業展開の原則——マーケティング戦略論

マネジメント・フロー

　非営利組織におけるマネジメントは，次のようなMOSTECフローで実施される。

　　　　　Mission　　　使命
　　　　　Objective　　目標
　　　　　Strategy　　 戦略
　　　　　Tactics　　　戦術
　　　　　Execution　　遂行
　　　　　Control　　　評価

　目標は，使命を具体化して，現実に達成すべき事項を定めるものであり，多くの場合，中期計画のような形で取りまとめられる。例えば，淀川キリスト教病院がそのミッションとする「全人医療」を実現するための当面の目標を，ホスピス病棟の質的拡充と決定し，後で客観的に評価できる基準，ベッド数20床の占床率を90％以上に引き上げる，入院患者や家族の満足度を5点満点で 4.5点以上に引き上げるなどを目指す，というようなものである。それを実現するための基本的な考え方（what to do）が戦略であり，目標と表裏になっている。そして，そのもとに採用される戦術（how to do）によってフォローされ，実施に移される。

　戦略に関する意思決定の過程は，先にも述べたように，目的達成の手段や条件に関係し，専門化が要求される部面である。環境的側面に大いに左右されるものである。しかし同時に，組織のミッションにより方向づけられる。第1部でも触れたように，バーナードの衣鉢を継いで意思

決定論を精緻化したといわれるサイモンの用語に依るとすれば，事実前提と価値前提との総合において決定がなされるのである。可能性には限界があり，バーナードのいう，主として選択を狭める技術である。

　営利・非営利組織を問わず，事業の発展は理屈通りにいくとは限らない。マーケティング戦略が適切であっても，予期せぬ環境変化によって失敗に終わることもある。戦略が不適切であっても，たまたま環境が幸いして成功することもある。それにもかかわらず，事業が発展するかどうかには原則がある。長期的にみれば，かならず戦略の善し悪しが事業の発展を左右することになる。戦略とは，事業が成功するかどうかをかけた考え方の筋道ともいうことができる。しかもそれは，明日の決定ではない。明日のための今日の決定である。「不確実な明日に対して備えるには，今日，何をなさねばならないか[1]」の決定である。

マーケティング戦略を構成する2軸

　マーケティングにおける戦略は，大きく分けて2軸で構成される。一つは，主たる事業領域（ドメイン）をどこに定めるか，またいくつかの事業単位があるとすれば，どのような組み合わせにするかという課題である。自らの事業領域が，社会の4要因のなかの政治・文化・共同のうちのどの要因に主として貢献しようとするのかの自覚が重要である。もう一つは，自らの事業をどのようにして卓越したものにするかという課題である。どんな組織でも，人材や資金などの資源は限られている。資源の不充分を理由にして，戦略の決定と実施を遅らせるとすれば，事業は坂を転げ落ちるように悪化することが多い。限られた資源を，限られた事業領域に集中させ，抜きんでた卓越性を構築することが経営者の課題である。

　企業では，事業領域戦略と競争戦略と称される。非営利組織においては，事業領域戦略と卓越戦略と呼んでおくことにしよう。ドラッカーや

コトラーは，非営利組織においても競争戦略という表現を使っているが，われわれは卓越戦略と呼ぶことにする。競争にも2種あり，格闘技のように，直接競争相手と戦って勝つか負けるかを決めるタイプの競争と，体操やフィギュア・スケートのように，自らの業を鍛えることによって卓越性（エクセレンス）を競うタイプの競争がある。企業においては前者が多く，非営利組織においては後者が多い。ミッションに基づいて展開しようとしている自らの事業領域とその意義を社会に表明し，その成果を達成し，同時に経済的基盤が強化されるための基本的考え方を戦略として確立しなければならない。

　非営利組織においては，マーケティング戦略の要諦は次のようである。

> ミッションに基づく目標を達成するために，事業発展の原則は，自らの事業領域において，抜きんでた存在として卓越性を保つことである。逆にいえば，抜きんでた卓越性を保つことができる領域を骨格として事業を展開することである。そして，事業領域決定と卓越性獲得という戦略基軸において，ミッションを反映させ機能させることである。

　ミッションからくる組織の中核的価値観がミッション・ステートメントとして表現され，機会と能力に裏付けられているならば，それは強力な戦略に変換される。ミッションが，事業展開を通し，人間存在の深いところ――愛や自由に関わるところ――でクライアントや資源提供者に共感を提供することが期待される。事業展開の原則は，合理的マーケティング論として示されることが多いが，価値的側面が戦略に重要な役割を果たすことにも注目して論述することにしたい。

マーケティング戦略策定の3フェーズ

　マーケティング戦略策定にあたっては，3つのフェーズを意識することが有効である。すなわち，現況の客観的認識（フェーズⅠ），未来環境の予測分析（フェーズⅡ），戦略の決定（フェーズⅢ）である。

(A)　現在の事業展開の客観的認識（フェーズⅠ）

　現在の事業がミッションの実現に適合しているか，クライアントが期待している価値を実現しているか，財務的に均衡しているか，についての認識から始めなければならない。およそ戦略といえるものを策定するためには，客観的な認識が不可欠である。経験や勘だけでは長期的な成功を期待することはできない。

　目標や戦略を独立して展開している事業管理単位を，SMU（Strategic Management Unit―以下ではSMUの略記法によって記す）と呼ぶことにしよう。大学の場合は，複数の学部があるのが普通であろう。経済学部，文学部，医学部はそれぞれ独立したSMUである。大学院や社会人生涯学習コース，研究センターをもSMUとして備えているかもしれない。病院の場合は，複数の診療科があるのが普通であろう。内科，小児科，産婦人科はそれぞれ独立したSMUである。診療科とは別に，人間ドック，老人保健施設，訪問看護センター等がSMUとして併設されているかもしれない。YMCAの場合は，青少年活動，フィットネス，国際活動，予備校など，複数の事業を展開している（企業においては，「事業部」とされているのが通常これに当たる。例えば，テレビ事業部，オーディオ事業部，洗濯機事業部などとされ，一人の事業部長によって独自の目標や戦略をもって統括され管理される）。組織全体の事業領域戦略は，そのようなSMU一つ一つがどのような現状にあるか，そして又複数のSMUがある場合にはどのようなポートフォリオ（組み合わせ）になっているか，という認識からスタートする。

事業単位としての各SMUの現実をできるだけ客観的に理解するとともに，組織全体として組み合わせの良否を判断する図表を，「ミッション―経済」マトリクスとして示す。縦軸は，それぞれのSMUが組織の掲げるミッションをどの程度達成しているかについての尺度である。中心線は，「組織が期待する普通の水準」とし，上にいくほど達成度が高く，下にいくほど達成度が低いことを表す。ミッションの達成度評価については主観的になったり，判断が甘くなったりする懸念があるが，評価を代理する客観的な尺度を探して決めること，加えて，さまざまな立場にある人達の主観的評価を集めることなどが必要である。多様な意見や尺度を総合することによって適切な評価の位置を決めようとするのである。最終章において詳述するが，非営利組織において看過されがちなミッション達成度についての評価は，マネジメント全体にとって重要かつ不可欠な課題であるといえよう。図表の横軸は，そのSMUの財務的評価についての尺度である。中心線は「収支均衡」，すなわち余剰も損失もない水準である。右にいくほど財務的余剰を生む事業であることを表し，左にいくほど赤字の度合いが大きいことを表すことになる。この

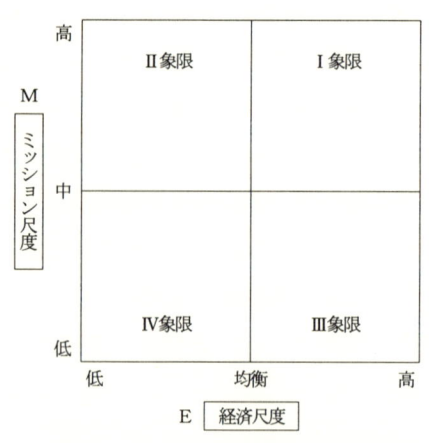

図表10　「ミッション―経済」マトリクス
Lovelock ＆ Weinberg, 1989等を参考に作成。

尺度は客観的に表しやすい。事業そのものによる収入（例えば，学生の授業料）のみならず，その事業のための他の収入（例えば，補助金や後援会寄付）も含めて算定する。

　それぞれのSMUは，上記のような算定によって表の上で位置づけられる。I象限に入るSMUは，ミッションもよく達成しているし，財務的にも余剰を生んでいる。II象限セルに入るSMUは，ミッションの達成という意味では評価が高いが，財務的に自立していない。財務改善をするか，他のSMUからの収入でもって補助しなければ成り立たない。右下のIII象限に入るSMUは，ミッションの達成には問題があったり，寄与していなかったりするが，財務的には余剰を生んでいる。学校や病院が収入を得るため駐車場を経営する場合などもこれに入る。IV象限セルに入るSMUは，ミッション達成度も水準以下，財務的にも均衡が得られていない。

　それぞれのSMUが検討される。先ずI象限セルが目指される。それは，組織の期待ばかりでなく，クライアントや資源提供者の期待に適合している可能性が高い。同じセルにあっても，さらに右上へのシフトが検討される。II象限SMUは財務改善の余地が検討される。ミッションを実現しているからといって，財務的マイナスが不問に付されることはない。しかしながら，そのSMUが創立のミッションを代表するものであったり，組織全体にミッションの重要性を具体化している場合がある。例えば，キリスト教主義大学における神学部，仏教主義大学における仏教学部などである。学生数が少なく，経済的には赤字となりやすいが，学校全体のミッション維持のためには，その存在が不可欠な場合がある。効率向上の努力や寄付の拡大が検討される。それとともに他のSMUからの内部補助（cross-subsidization）を考えることが組織全体としての戦略的課題となる。

　ここに，組織全体としてSMUのポートフォリオが重要となる。I象

限SMUをもっと強くするためや，Ⅳ象限のSMUを掬いあげるための支援も必要になることがある。Ⅲ象限SMUから他のSMUのために内部補助を行い，組織全体の活性化を図ることが必要になることがある。Ⅳ象限にあるSMUは思い切って撤退する決断が必要になることもある。現在のⅠ象限にあるSMUが近い将来その地位を維持することができなくなることを見越して，他の候補を育てなければならない場合もある。この「ミッション─経済」マトリクスは，ボストン・コンサルティング・グループが開発した事業領域戦略マトリクス「プロダクト・ポートフォリオ・マネジメント（PPM）」と共通するコンセプトを有するようにみえる。ボストン・コンサルティング・グループのマトリクスの縦軸（事業領域の成長率）を，後にマッキンゼー社が修正提案するように，事業の魅力度と置き換えると，非営利組織のミッション達成尺度と重なり合うところがある。しかしながら，両者は尺度の内容が異なることはもちろん，PPMにおいてはⅡ象限（「問題児」と称される）に含まれる事業は，Ⅰ象限（「花形」と称される）に移すことが前提とされており，いわば次なる収益源としての候補であるという認識（まれに，健全なる赤字と位置づけてその存在の意義を認める経営者もないことはない）であるのに対し，「ミッション─経済」マトリクスにおいては，組織全体のミッションを達成するうえで，Ⅱ象限そのままで積極的な存在意義を認めていく場合が多いのである。

　事業のポートフォリオは，各SMUの現実を認識し，それぞれ対策を考える資料に資するとともに，組織全体としてのSMUのバラツキやバランスを判断するための重要な資料である。次に論ずる分析を経て，マーケティング戦略として決定されていく。

　(B)　未来環境の予測分析（フェーズⅡ）
　事業は，組織内部の変化を抱えながら，組織外部の変化に適応してい

る。その結果が現在の事業のポートフォリオとなっている。現在のポートフォリオを取り巻く環境はすぐ足元から変化している。しかもそのスピードは早い。マネジメントとは，いつも研ぎ澄まして環境変化に適合することでもある。したがって，環境変化が統制できないという理由で，その予測を怠ることはできない。その予測を踏まえて自らを変革し，事業領域の刷新と卓越への戦略を構築し，事業発展の原則を維持強化していくのである。

環境分析は，外部環境と内部環境に大別して行われる。

組織を取り巻く外部環境には，社会全体のマクロな環境，組織がサービスを提供する対象となるクライアントや組織への寄付者についての環境，そして同種のサービスを提供する競争者についての環境，代替サービス出現の脅威などが主として分析の対象となるであろう[2]。　社会全体のマクロな環境には，経済にかかわるもの，政治にかかわるもの，文化にかかわるもの，共同にかかわるもの，などが挙げられる。これらの環境変化は，組織としては統制できないものであるが，その影響力は決して無視できるものではない。非営利組織の戦略計画に詳しいブライソンは，環境要因として Political, Economic, Social, Technological の頭文字 PESTs をもって，組織に影響を及ぼす重要なマクロ要因としている[3]。

クライアントや寄付者についての環境変化は，組織にとって直接的影響をもたらすことになる。地域独自の状況が変化していく場合もあるであろうし，上記のマクロな変化が影響してくる場合もあるであろう。例えば，新生児の数が減少するというマクロ環境の変化は，産科病院への患者数が減少することにつながるし，数年先には学校への入学志願者が減少していくことが予測できる。景気の回復が遅れ不況感が続くとすれば，寄付者の伸びや金額への期待は控えめにみておかなければならなくなる。

競争の環境が変化する場合も分析の対象である。特に、同種のサービスを提供する営利企業が進出するなどのインパクトは大きい。例えば、高齢者福祉を担当してきた非営利組織のサービス・エリアに、介護サービスを提供する全国チェーンの企業が進出する，YMCAのフィットネス事業エリアに、フィットネスを事業とする全国チェーンの企業が進出するなどの場合である。従来からの競争状況の変化に加え、新規に参入してくる場合の競争は厳しいものがある。営利企業のマーケティング戦略では、競争状況の変化は最も神経を尖らせる分析対象となっている。さらに、病院の外来患者に対して、訪問看護という代替サービスが出現するという変化もありうるであろう。競争は避けるのではなく、自らがより卓越した能力を確保するための情報であり、刺激であると受けとめることが積極的である。

マイケル・ポーターが明らかにした、企業における競争状況を決める5つの要因を応用し、非営利組織における競争要因を提示したシャロン・オスターによる6つの要因による分析を図示しておこう。

他の非営利組織との競争関係をベースとしながら、その卓越性によってクライアント、資源提供者、供給者から選択される相対的関係が規定され、それは新規参入の可能性や代替するサービスの出現を規定するこ

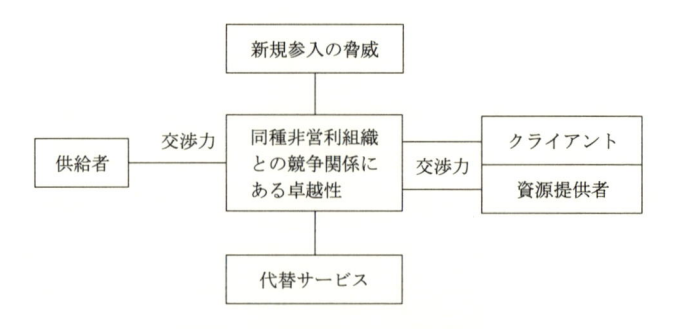

図表11 非営利組織における競争要因

Oster, S.M., *Strategic Management for Nonprofit Organizations*, Oxford University Press, 1995, p.30. 但し、ポーターも参照して筆者が一部修正している。

とになる。さらに、非営利組織の提供するサービスに対する代替的サービスが利用可能な状態にあるときには、クライアント側の非営利組織に対する相対的交渉力が拡大するなど、これらの6つの要因は相関的関係をも有しているということができる。

　組織の内部環境としては、人材についての環境、財務についての環境、設備や情報についての環境などが分析の対象となる。それによって、組織の強みは何か、維持拡大できるのか失われるのか、組織の弱みは何か、それはカバーできるのか欠陥を露呈してしまうのか、などが見えてくる。

　人材については、幹部職員、一般スタッフのみならず、理事者、ボランティアについての充足、およびその能力的側面やモラールの変化をみなければならない。退職予測、採用可能性、そしてそれによって生ずる能力の変化、構成員の能力アップや組織への忠誠度の変化である。また、人間関係の現状や将来も重要である。非営利組織においては、人的資源が経営にとって圧倒的に重要性の高い要素であり、人材についての環境分析もそれだけ重要となる。財務についての環境は、事業の収支変化、手元資金のゆとり、寄付資源の動向などによって予測される。施設については、老朽化の度合いはどうか、クライアントの要望にマッチしているかなどの分析がなされることになろう。さらに、情報能力の必要性と対応の可能性なども分析の対象となる。

　このような環境についての分析には客観性が要求される。これらの分析は、営利組織でもよく用いられるSWOT分析としてまとめられる。ここにSWOTは次の意味を表す。

　　　　Strength　　　　組織の強み
　　　　Weakness　　　　組織の弱み
　　　　Opportunity　　　事業の機会
　　　　Threat　　　　　事業への脅威

強みは，ミッションを達成するうえで抜きんでた存在として貢献できる能力に関わる。弱みは，それが実現できない能力的欠陥を表す。これら2項は，主として内部環境分析に関わる。事業の機会は，事業を展開できる社会的機会を表す。人間の自由を実現し，社会の調和を推進する機会を表す。事業への脅威は，事業を遂行する上で直面する不都合や障害を表す。これら2項は，主として外部環境分析に関わる。このような客観的分析に基づいて，われわれはマーケティング戦略の最終局面に入っていくことになる。

(C) 戦略の決定（フェーズⅢ）

マーケティング戦略の大原則は，自らの事業領域において抜きんでた卓越性を保つことであった。卓越性を獲得するためには2つの方法がある[4]。

一つは，コストによる優位性を獲得することである。安い対価で提供することによって，例えば貧しい受益者層にも利用が容易となり，他のサービスの追随を許さない抜きんでた優位性を獲得するのである。安いということは，安売りとか不良品質とかを意味するのではない。サービス提供の効率を上げる，優れたボランティアを確保する，安定した太い寄付資源を確保するなどの基礎が欠かせない。サービスは人によって行われる。有給スタッフで行う場合，良質のサービスの提供にはそれなりのコストがかかってしまう。クライアントへの直接サービスはコストをかけて丁寧に行うとして，そのサービスをバックアップするプロセスの合理化努力が是非必要である。例えば，高齢障害者福祉において，作業訓練や健康カウンセリングは，個別に丁寧にフォローするとして，個人別の作業実績の管理，給与の支払い，健康記録，個人情報管理などはコンピュータ活用により合理化したり，給食は外部業者に委託（アウトソーシング）するなどの努力が必要である。

戦後，日本経済は高度成長を経て，アメリカに次ぐ世界第2の経済大国となった。わが国が経済的競争優位を確立することができたのは，日本的経営などの方式を通し，品質や効率の改善に努めた結果，高品質の工業製品を安く提供することができたからである。自動車，二輪車，時計，写真機，電器製品，工作機械などが，グローバルな競争力をもつ商品の代表的なものである。わが国の経済発展は，主にコストによる優位性確保に依るとされている。

　二つ目の方法は，差別化による優位性を獲得することである。組織特有の，他では得られない差別化された良質のサービスを提供することによって，抜きんでた卓越性が獲得される。企業の場合と異なり，非営利組織の卓越性は差別化によって発揮される場合が多い。そして，卓越性の源泉がその組織の掲げるミッションに根ざしているとき，最も有効に機能する可能性が高い。ミッションに基づく目標・戦略・戦術の構築と実施が一貫しているとき，組織が目指す方向が明確で安定する。スタッフもボランティアもその道筋に従って行動し，クライアントにそれが伝わっていく。真の自由への促しが感動として伝わっていく。組織独自の特徴が，抜きんでたものとしてクライアントに評価されることにつながっていくのである。

　淀川キリスト教病院の場合もそうである。病院創立のミッションである「全人医療」が戦略にそのまま反映している。身体の病だけでなく，心や魂のケアを目指すという独自の医療は，国公立病院では絶対にできない。国公立病院は宗教的活動は認められていない。魂のケアまでは手が届かない。「全人医療」は死をも克服していく人間の真の自由を実現しようとするケアである。淀川キリスト教病院の付近には優れた国立大学病院や市立病院があるけれども，「全人医療」が真に実践され地域に受け入れられていく限り，それは優れた差別化戦略として卓越性を発揮することができる。淀川キリスト教病院の患者のほとんどは近隣の方々

であるが,「全人医療」——その象徴としてのホスピスや周産期医療——にかけては,全国的に抜きんでた存在として卓越性が認知されており,地域に信頼性を確立している。

　非営利組織にとって,自分たちの仕事は正しいものであるから,成果が出ようが出まいが頑張るという考え方が正当化されることがある。しかし,ドラッカーもいうように[5],資源には限りがあり,成すべき正しい仕事も多い。非営利組織も,正しいという理由だけで資源を使うのではなく,卓越性が発揮できる仕事,成果が得られる仕事に限られた資源を重点的に振り向けることが必要である。それは,ミッションに基づいて卓越性を発揮できる戦略を構築することから得られる。それによって,フェーズⅠで検討した事業領域のポートフォリオを編成確立し,前述したマーケティング戦略の要諦を充足していくのである。

事業の成長と撤退

　非営利組織が卓越性を発揮してクライアントに支持されるとき,自然に成長への機会と要請が生まれる。サービスの規模や分野を拡大して欲しいという要請である。成長するということは,非営利組織にとっても多くのメリットがある。ミッションを実践する現場が拡大される。成長は規模の拡大を生み,経営基盤が安定し,それがさらに卓越性を拡大するという好循環が得られる。クライアントに信頼感を付加し,寄付やボランティアのような無償の資源も集まりやすくなる。次なる事業への発展と拡大の可能性が開けてくる。人材の採用や教育,配置や待遇に配慮の幅が広くなる。

　クライアントからの支持や要請に基づくものである限り,拡大は順調に進みやすい。ミッションに基づく意味ある仕事をしている限り,成長を目指すことは正しい。しかし,成長の結果実現される状況が,ミッションの軸からずれることがないか,能力がフォローできるかの確認が

不可欠である。大学が社会から支持され，学生数を増やしてサービスの拡大を図るという成長を目指すとき，その大学のミッションを伝える人格的触れ合いによる教育が維持できるか，設備や教員が確保できるかなどの検討である。準備が十分でないときに成長を試みるならば，初めは順調に進んでも，ときならずして大学の卓越性は失われ普通の大学に転落してしまうことになる。非営利組織においては，クライアントが増えようとするのに，敢えてミッションを維持するため減少させる努力をする（ディ・マーケティング）場面すら想定すべきである。

　以上のことを踏まえ，成長のためのマーケティング戦略を追求していくことにしよう。

　先ず，企業の成長戦略をマトリクスで示したアンゾフと，非営利組織におけるマトリクスを示したスミス・バックリン社の業績を参照して作成した別表を示す。

　社会や地域からの支持と要請に基づいて事業拡大を目指す仕方は，マトリクスの左上に相当し，現在の事業を現在のクライアントと同じ対象で拡大していくものである。事業についてもクライアントについても，組織にとって周知の領域であるから拡大に伴うリスクは比較的少ない。

	事業（サービス，プログラム）	
	現　状	新　規
クライアント　現　状	浸透拡大	事業開発
クライアント　新　規	クライアント開発	多角化

図表12　成長マトリクス

右上のセルに相当する方式は，クライアント層は従来通りであるが，新しい事業に着手する場合である。大学が，従来とは質の異なった新しい学部を立ち上げるような場合がこれに相当する。慶応義塾大学は，藤沢に広大なキャンパスを用意して，1990年に総合政策学部と環境情報学部を新設し成功をおさめている。単に学問領域が新しいだけでなく，キャンパスや設備，教師陣やカリキュラム構成など，従来の伝統的学部とは様変わりなものとなっている。左下のセルに相当する方式は，逆に事業は従来通りであるが，新しいクライアント層を開拓する場合である。大学の例でいえば，同質の学部を従来の学生層と異なるところで募集する場合がこれに相当する。立命館大学は，2000年に立命館アジア太平洋大学を開校した。学部は従来のものと大差があるわけではないが，募集する学生は広くアジアに求められており，半数は外国人となる。受入れのための政治的，経済的，社会的背景は従来とは様変わりなものとなる。

　上記2つの成長方式は，左上セルの方式と比べると，事業かクライアントが新しいものとなりそれだけリスクがあるといえる。それでも，逆にみれば，クライアントか事業かは従来のものを活用できるというメリットがある。その意味では，最もリスクの多いのは右下のセルに相当する方式である。事業自体も新しく，クライアント層も新しい。いわば，ノウハウがないところでの成長を目指すことになる。例えば，遊休地を利用してビルを建設し，賃貸事業を始めるとか，貸会議場事業を始めるとかの場合である。大学としては全く経験のないところで事業を開始することになり，リスクを背負った決断ということになるのである。

　どの方式が必ず成功し，どの方式が必ず失敗するというものではない。状況に応じ，ときにはリスクを伴う方式も採用しなければならない。しかし，目指している成長方式が別表のいずれであるのかを理解し，リスクの大きさと内容を理解して対応していくことが重要である。

事業展開は，その機会のあるところで，組織のもつ強みを発揮することである。そして，組織の抱える弱みを，事業展開にとって問題にならないようにしてしまうことである。成果は組織の強みと機会からもたらされる。先に論じた「ミッション―経済」マトリクスは，いわばその時点における静態的分析であった。その分析から得られる事業ポートフォリオ変革の第一次的示唆を，SWOT分析等を経て，未来に向かう戦略に結実していくことが求められる。すなわち，SMUを取り巻く内外の動態的環境を捉え，ミッション達成についての魅力度と経済的魅力度を2軸とするポートフォリオを事業展開戦略として策定するのである。

フランシス・ヘッセルバインは，女性組織として世界最大級の全米ガールスカウト連盟の専務理事を13年間務めた（現在，「非営利組織のためのドラッカー財団」理事長である）。彼女は組織に参加する少女たちの伸び悩みに対処し，ガールスカウトの対象は7才児以上という従来の伝統を破って，先ず6才児に対象を拡げ，次に5才児によるディジースカウトを作り，急速な成長を実現した。子供たちの実情を調査し，5才児にもそれなりに組まれたプログラムであれば受け入れられること，そして母親たちがそれを望んでいるという結果を得た。そこに成長の機会を発見した彼女は，ガールスカウトの強みを活かしたプログラムを準備し成功に導いたのである。機会を発見し，強みを投入するという戦略原則に従って，革新的展開を成功させたのである[6]。

成長を考える一方，縮小や撤退の必要性も考えておかなければならない。非営利組織は独自のミッション・ステートメントをもっている。それが達成されることによって，組織が消滅することもある。或る国の人権差別と戦う非営利組織は，その国で平等が実現すれば，名誉ある解散をすることになる。事業の機会が減り，あるいは組織の卓越性が発揮できなくなってきたときは縮小や撤退を考慮しなければならない。そうしなければ，限りある資源は活かされず，組織は活性化しない。次の仕事

にも向かうことができない。事業の撤収に対しては、ドラッカーの問いが有効である。「もし、この事業が今日なかったとしたら、新しくスタートさせるであろうか[7]」という厳しい問いである。もし否定的であるとすれば、一定期間を区切って魅力あるものに再生できるか計画し実行する。それでもよい成果が得られなかったとすれば、縮小か撤退を実行することが勧められる。

　YMCAはひととき、予備校をいち早く開設し、大学浪人組が道にそれることなく再び受験に挑戦する機会を提供し卓越性を発揮した。しかし今や18才人口は減少し、間もなく希望者全員入学できる状態になる。事業機会は激減する。他に優秀な予備校も存在するようになった。これが確認できるとすれば、YMCAにとって、予備校というSMUは最早自らがなすべき仕事は終了したものと考えて縮小や撤退を検討し、他の事業へ資源を振り向けることが賢明になる。フェーズⅠで示したポートフォリオを適切なものへと修正するのである。

　営利組織において、事業戦略が重要であるように、非営利組織においても同じことがいえる。限られた資源を集中して自らの強みを構築し、社会の要請に適合して成果を達成するのである。組織のミッションが独自の価値として差別化要因となって働き、卓越性を確立することが重要な視点であった。それによって、非営利組織は人間の自由や社会の調和という価値的側面を充足するものとなる。そして、人間と社会を架橋する媒介として、付託された責任を果たすことになるのである。

注
1) Drucker, P.F., *Management, op.cit.*, p.125. 前掲訳書, 204頁。
2) Porter, M.E., *Competitive Strategy*, The Free Press, 1980, pp.3-4. 土岐坤・中辻萬治・服部照夫訳『競争の戦略』ダイヤモンド社, 1982年, 18-19頁, において, 企業における競争要因が図示説明されている。
3) Bryson, J.P., *Strategic Planning for Public and Nonprofit Organizations*, Jossey-Bass, 1988, p.122.

4) Porter, M.E., *Competitive Strategy*, op.cit., p.35. 前掲訳書56頁，においては，競争優位を確立するために，コストのリーダーシップ，差別化，集中の3つがあると述べているが，集中戦略にあっても前2者の優位が必要であるので，われわれは基本的に2つの方法に絞った。
5) Drucker, P.F., *Managing the Nonprofit Organization*, op.cit., p.112, 前掲訳書，139頁。
6) *Idib.*, pp.29-36. 同訳書，139頁。
7) Drucker, P.F., *Innovation and Entrepreneurship*, Harper & Row, 1985, p.139. 小林宏治監訳『イノベーションと企業家精神』ダイヤモンド社，1985年，259頁。

第4節　事業展開の戦術的課題

　事業を発展させるための原則や考え方が，根本的に重要であることは先に強調したところである。しかし，原則や考え方だけでは成果は生まれない。それを実現するための具体的手段（戦術）が必要である。

　マーケティング戦術を考える4つの要素を，Pの頭文字を使って表現したのはマッカーシーであった。彼によれば，戦術を構成する要素は数限りなく存在するけれども，主要なものは次の4つのグループに分類することができると主張し，今日マーケティングを考えるための要素として広く受け入れられている。その4Pとは，

```
Product      製品  ―  提供するサービス，プログラムにかか
                      わる決定
Price        価格  ―  対価としての価格にかかわる決定
Place        流通  ―  サービスを到達させるための立地や
                      チャネルにかかわる決定
Promotion    促進  ―  情報を伝達し，行動へ導くことにかか
                      わる決定
```

である[1]。詳しくは項を追って論ずることにする。

(1) プロダクト（製品）

提供するサービスやプログラムに関わる課題を扱うものであり，非営利組織にとって中心的決定である。非営利組織にとってのプロダクトは，ときにはモノ（例えば，食料や衣料の提供）である場合があるけれども，大方はサービス（例えば，医療や教育の提供）や社会的行動プログラム（例えば，禁煙や青少年不良化防止キャンペーン）である。戦略の下にサービスやプログラムが設計され，それを通して目標を達成し，ミッションの実現を目指す。いいかえれば，ミッションがサービスやプログラムを通して実現されるよう入念に設計されなければならない。

学校にとっては，どのようなカリキュラムを提供するかという決定であり，教職員の陣容と業務内容の決定であり，建物や設備の決定であり，学生活動への支援にかかわる決定など，多岐にわたるものである。老人ホームにとっては，介護を含めどのような生活環境を提供するかという決定である。居住スペースの設計やグレードの決定，医療関係者の配置にかかわる決定，食事内容やイベントの計画，訪問者やボランティアへの配慮にかかわる決定，などが含まれる。これらは，技術的検討にとどまらず，その組織のミッションがそれらの決定と実施を通してどう実現するかという戦略のもとに進められなければならない。

製品の内容は必ずしも単一のものではなく，多くのサービス・アイテムから構成されることが多い。例えば，ある美術館においては，中核製品（展示），補助的製品（講習会，説明パンフレット），資源獲得製品（みやげもの，絵はがき）の3つから構成されている[2]。

非営利組織がその製品を計画する場合，中核的製品について，次のような特徴を考えておかなければならない。

(a) 製品の在庫は効かない——非営利組織のサービスは，生産と消費

(サービス提供と受益) が同時に行われ，あらかじめ在庫しておくことはできない。例えば，教育は教師と学生との授業やゼミナールにおける出会いのなかで実現されていく。自ずから，その品質管理にも特別な注意が必要となる。

(b) サービスのフロントが組織を代表する――デイサービスにやってくる老人にとっては，施設の快適性などのハード要因も関係するけれども，それよりも現場で介護にあたり世話をしてくれる職員やボランティア（コンタクト・パーソネル）との人間関係のなかで満足が創造される。それこそが，クライアントにとって組織の価値として受け取られるものである。

(c) クライアントも価値創造に参画する――サービス提供者とクライアントとの間で，情報交換がなされ，共感が生まれることが期待される。病院を訪れる患者にとって医師との関係が深くなるほど容易に価値が創造される。その患者の体質を知り抜いている医師は，より適切な診断をなす可能性が大きい。その意味で両者の関係が固定化されるほど良い成果が得られやすい。患者にとっても，信頼できるかかりつけの医師をもっておくことによって安心感という価値が増幅される。

政策提言活動（アドボカシー）やロビー活動，主義主張を社会にアピールするためのソーシャル・マーケティングにおいては，その製品としての政策内容や主張をめぐって，政策担当者（例えば，議員）や関係者（例えば，家族計画キャンペーンを行う場合，宗教団体や政党，医学界や行政）との間で討議がなされ，それを通じて新しい政策内容や主張がコンセンサスとして形成される可能性がある。

プロダクトの決定は，非営利組織が機能する戦術の中心点である。自

ら定めた事業領域や卓越性を実現する手段として，最もふさわしいプロダクト計画が必要である。しかも，その変化を注意深く見つめながら，自らの製品を絶えず開発し，革新していく姿勢が必要である。

(2) プライス（価格）

提供するサービスやプログラムに対して，価格をいかに設定するかに関わる決定である。クライアントに直接請求する価格は，安ければ安い方が良い，ということでもない。有料にすることが望ましい場合があり，高い価格をつけることが望ましい場合すら存在する。有料にすることの理由を，ラブロック＆ウェインバーグ，オスターの指摘[3]を参考にしながら列挙する。

(a) 費用の回収——サービスやプログラムを提供するためには費用が必要である。継続していくためには，費用が回収されなければならない。寄付資源に限界がある場合には，有料であることは必然となる。

(b) クライアントの認識を深める——提供されているサービスの価値について，クライアントが認識をすることにより，対価を払ってもそのサービスが必要かどうかの判断をする機会を与え，無駄な消費を回避することができる。

(c) 感情への配慮——すべて公費で賄われるのではなく，私費負担があることは，クライアントにも組織にも公費へ全面的に依存しているというひけめ感情から解放することになる。

(d) 管理者の努力目標となる——有料であることによって，収入と支出とのバランスが意識され，収入増とコスト抑制への動機が働き，効率改善が実現されていく。無駄な資源消費が回避される。

(e) 成果の尺度になる——有料で購入される場合，その売上によって，サービスやプログラムの，クライアントにとっての価値が判

断できる。売上が予想以上に拡大したとすれば，ニーズから見れば予想以上の効果があったといえる。

次には価格をどこに設定すべきかの問題を検討する。価格をどのような方針に基づいて設定していくかが前提となる。その方針のもとに，コスト，市場需要，競争を考慮して決定する。

(a) 余剰最大化を目標とする場合——費用を回収するばかりでなく，最大の余剰を得ようとする場合である。それによって，そのサービスの提供が継続できるばかりではなく，組織のミッションにとって重要な他の事業（利用者からの収入によっては費用を回収できない事業）を財務的に内部補助することができるようになる。

(b) 費用回収を目標とする場合——できるだけクライアントの負担を少なくするため，たとえ余剰が見込めそうであっても，料金を費用に見合うところに設定する場合である。余剰が得られる機会を放棄してクライアントの負担を軽減することになる。

(c) 利用最大化や無料化を方針とする場合——行政や財団からの支援が充分見込まれたり，できるだけ多くの人々に利用されることを方針とする場合である。この場合は可能な限り価格を低く設定することが望ましい。無料とすれば，大抵の場合，最も多い利用を実現することになるであろう。この場合，寄付資源が必要であるし，先に述べた有料にすることによって得られるメリットは失われる。寄付資源がカットされた場合は継続ができなくなる。サービスの対価を支払うことができないクライアントである場合は，組織は寄付資源を長期的に確保し，無料でサービスを提供しなければならない。海外医療援助や食料援助では，このような例に相当することが多い。

(d) 利用抑制を方針とする場合（ディ・マーケティング）——予定より多くの需要が生まれる場合には，その一部を抑制しなければ，ミッション本来の目標が達成されない場合がある。そのような場合には，価格を高めに設定し，その利用を抑制することが，利用者にとっても組織にとっても必要な場合がある。例えば，セミナーを計画する場合，今回は少人数で開催したいと方針を決定したときには，参加料を高めに設定して参加数を抑制しようとするのである。

いずれの方針を採用するにしても，サービスを生み出す費用はできるだけ合理化しなければならない。一定のサービスを生み出すための費用が削減されるならば，その分は組織の余剰となり，次の良い仕事のために蓄積されるか，クライアントが支払う対価を低くすることによって負担を軽減させることができる。

クライアントがサービスを受けるための負担は，経済的負担だけではない。努力コスト，時間的コスト（例えば，病院まででかけて行って，3分診療を受けるために3時間待たなければならないという負担）があり，心理的コスト（例えば，診療を受けることによって悪い病気が宣告されるのではないかという恐怖感）が生ずる場合もある。非営利組織としては，これらの負担の軽減も配慮し対策しつつ，価格の問題を決定する必要がある。

(3) プレイス（流通）

非営利組織が準備するサービスは，クライアントに利用可能な状態で届かなければならない。一つにはサービスが提供される地点もしくは立地に関する決定があり，いま一つはクライアントに到達するチャネルに関する決定がある。大学は，単一のキャンパスをもつ場合に最も費用が少なくてすむことであろう。しかし，他の地域に住む学生に便宜性を提

供したり，あまりにも単一キャンパスが巨大化してヒューマン・タッチが失われてしまわないように，分校を設置することが必要になるかもしれない。カリフォルニア大学は，バークレー，ロスアンジェルス，リバーサイド，サンディエゴなどに分校を増やし，9つのキャンパスをもってカリフォルニア州の住民に広く便宜性を提供している。

　わが国では，少子化にともなう18歳人口の減少によって大学間の学生獲得競争が目に見えて厳しい状況となってきた。魅力的なパンフレットやオープン・キャンパス等のプロモーションも重要であるが，特定高校との間で推薦入学制を取り決めたり，短期大学との間で編入協定を結ぶなどによって，学生を獲得していくチャネルづくりも有効な手段として用いられてきている。

　サービスの提供は，その性格からみて，組織とクライアントが直接に出会うという場合も多い。しかし，仲介経路をとおしてクライアントと出会う場合も存在する。例えば，高い医療機能を有する病院（大学病院など）や，地域の中核となる総合病院では，直接病院を訪れる患者よりも，開業医や中小病院からの紹介患者を扱うことが奨励されている。風邪とか腹痛は，長時間待たされる大病院でなく開業医が扱い，そこで手に負えない患者が大病院に紹介されるという仕組みができあがる。この場合，大病院にとっては，開業医や中小病院というチャネルを通して患者と出会うことになる。地域における病診連携，病病連携といわれるネットワークが構築されていく。大病院としては，患者を確保するために，患者紹介を受け付ける専門の電話や要員を準備したり，地域医療連絡室を設置することが有効になってくる。

(4) **プロモーション（促進）**

　手法の最後のＰはプロモーションである。製品，価格，流通を整えるとともに，クライアントや資源提供者が，組織のミッションやサービ

スを認知し行動に移すことができるように導かなければならない。組織を取り巻く外部環境とのコミュニケーションであり、効果的で費用効率の高いプログラムを決定しなければならない。クライアントや資源提供者に情報を発信し、対話しようとするコミュニケーションの働きである。その働きの対象は、行政・メディア・地域社会等に拡げられ、開かれた組織を目指すのである。このような働きは、4Pすべての活動を通して行われる。サービス活動そのものが促進の働きを担っており、次のクライアントや資源提供者を生み出す働きにつながっている。「最良のプロモーションは満足している顧客である[4]」といわれるゆえんである。プロモーションの方法としては多様なものがあるが、広告、パブリシティとPR、人的促進について言及する。これらの手段を通して、組織は自らのミッションを明示し、その意義を公衆に告知するのである。

　広告は、組織によって費用が支払われるコミュニケーションである。広告は、自己宣伝というイメージをもち、非営利組織では必ずしも歓迎されるものとはいえなかった。しかし、クライアントが情報を知り選択できるように、広告の必要性が認識され始めている。わが国では、病院の広告は法律で厳しく規制されているが、アメリカの例をみるまでもなく、おいおい規制が緩和されていく方向となるであろう。私立大学においても、学生獲得競争が厳しくなってきた状況のなかで、新聞や雑誌広告の露出頻度が高まってきている。学生にとっては、選択のための情報が広くなり、美麗で懇切なカタログやオープン・キャンパスの機会などと併せて、確実に有効な情報伝達となっている。また、国際的養子縁組活動を推進しているNGOは、賛同と協力を求めて一流新聞の全面広告を行い成果をあげている。広告実施について重要なことは、漫然と実施されるのではなく、先ず到達させたい領域を決定すること、その領域の属性を知り、受け入れられるように組織のメッセージを創造し発信することである。理想的なメッセージは、AIDAモデルとして知られてい

る。先ず，注意（Attention）を引きつけ，興味（Interest）をもたせ，欲求（Desire）を喚起して，行動（Action）を獲得するものである。非営利組織は，そのメッセージを通して自己のミッションを告知し，クライアントや資源提供者に機会を提供しようとするのである。

　PR はパブリック・リレイションズの略称である。組織を取り巻く公衆（Publics）との関係（Relations）を意味している。PR は公衆の態度やイメージに影響を与えようとする活動である。非営利組織はオープン・システムであり，それを取り巻いている環境に開かれている。クライアントや資源提供者，そして社会と対話している。PR も，組織からの発信が行われ，公衆からの反応を得て，双方向の関係を強化しようとする。PR を強化する方法は多様である。カタログ，パンフレットなどの印刷物，ビデオやスライドなどの視聴覚資料が利用される。公衆がすぐに認識できるアイデンティティ（デザイン，カラー，ロゴなど）を活用することも効果が認められる。地域でのイベント開催，公開講座の開催，施設開放，地域主催イベントへの参加がある。地域のオピニオン・リーダーとの懇談や親睦，さらにはコミュニティ参加による諮問委員会の設置まで進めば，地域との太いパイプとなる可能性がある。最近では，通信・情報手段を駆使し，専用電話やホームページ開設による情報サービスを採用して効果を上げている非営利組織もみられる。一方的なコミュニケーションではなく，双方向のコミュニケーションが有効である。

　パブリシティは「無料の広告」といわれる。テレビや新聞，コミュニティ紙に記事として取り上げられるものである。有料でないだけに，見る人々に広告より強烈な効果を与える場合が多い。ミッションに対する認識や好意的イメージを生み出せるようなものでなければならない。スキャンダルなどは，まったく反対の効果をもたらすことになってしまう。公衆の評価は非営利組織にとって大変大きな影響力をもっている。

クチコミは，マス広告に馴染まない非営利組織にとって，恐ろしいほどのインパクトをもっている。組織にとって良い評判を流してくれる人は「アポスル」といわれる。組織にとって悪い評判を流す人は「テロリスト」といわれる。そして，テロリストの破壊力は，アポスルのよい知らせよりも数倍の力をもっていることが知られている[5]。

組織の理事・職員・ボランティアなどによる人的促進も有効な場合が多い。人的促進は，人間の五感に訴求するものである。積極的に人的促進を計画する場合，地域別・対象別・サービス別に人員を割当て，達成目標を設定して促進にあたる。赤い羽根で親しまれている共同募金は，募金目標の達成のため，個別訪問，街頭募金など人的促進の方法を多用している。いくら合理的に詳細に情報が開示されていても，ヒューマン・タッチも看過できない促進効果をもっている。

マーケティングの4Pを検討してきた。ケースによって，そのなかのどのPに重点が置かれるかの差はあるが，基本的にはすべてのPが，戦略に基づいて調和のとれた組み合わせ（ミックス）に編成されることが必要である。個別のPが優れていても，全体の調和がなければ成果は上がらない。

ミックスにおける調和の質的側面は，4つのPが相乗効果を達成していく組み合わせに関係する。例えば，地域の中心的病院として，地域に密着した医療機関を目指す戦略を採用する場合，地域の診療所では維持できない高度医療機器による診断サービス（プロダクト）を提供するとともに，開業医との連携強化（プレース）に重点をおくという決定である。そして，地域に対して，その連携を強調して広報活動を行い，安心できる医療の街をアピールする（プロモーション）のである。

ミックスにおける調和の量的側面は，4つのPが費用効率性を達成していく組み合わせに関係する。例えば，美術館において，できるだけ

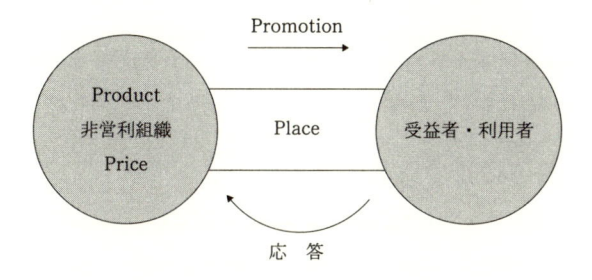

第3章　事業展開とその基軸　115

```
                    Promotion
                   ─────────→
    ┌─────────┐              ┌─────────┐
    │ Product │              │         │
    │ 非営利組織│    Place    │受益者・利用者│
    │  Price  │              │         │
    └─────────┘              └─────────┘
                   ←─────────
                       応 答
```

図表13　マーケティング4Pのミックス

　多くの市民に美術に触れてもらうという年度目標を掲げたとき，一定の費用を，展示内容充実（プロダクト）に投入する場合と，広告宣伝（プロモーション）に投入する場合と，どちらが多くの美術展参加者を増加させることができるかという決定である。

　マーケティング・ミックスによって，戦略と戦術が一体のものとなってはじめて，マーケティング全体が目標を達成する武器となる。

　マーケティングにおける戦略と戦術は，いわば，成果を実現するために，個別の遂行に先行し，卓越を獲得し，事業を発展させるための仕組みである。マーケティングは一部の人々の仕事ではない。ミッションを成果に導くために，トップから始まり組織全体が関係すべきものである。その仕組みの良否によって，成果の良否も根本的に左右されることになるのである。

注
1) MacCarthy E. Jerome & W.D. Perreault, *Basic Marketing* 12th ed. Irwin, 1996, p.51.
2) Lovelock, C.H. & C.B. Weinberg. *Public & Nonprofit Marketing, op.cit.*, によって3つのカテゴリーが指摘されている。前掲訳書，234頁。
3) *Ibid.*, および, Oster, S.M. *Strategic Management for Nonprofit Organizations*, Oxford University Press, 1995.
4) Brinkerhoff, Peter C., *Mission-Based Marketing*, Wiley, 1997, p.176. では，「喜んだ顧客は，喜んで他の顧客を送り込んでくれる」と指摘している。(Brinkerhoffは，本論文でいうクライアントを，「顧客」と表現している)。
5) コカ・コーラの調査では，テロリストの伝播力はアポスルの約2倍という結果が出されたことがある。(佐藤知恭「うわさの測定」『消費と流通』Vol.6 No.1, 日本経済新聞

社，1982年，113-114頁）。他に，藤村和宏「サービス消費における不満の発生と抑制される苦情行動」『マーケティング』78，日本マーケティング協会，2000年。

第5節　資源獲得のためのマーケティング

　営利のそれと異なり，非営利組織におけるマーケティングは二重性をもつことを先に示した。クライアントへのマーケティングと共に，寄付による資金を提供してもらうためのマーケティングがいる（ボランティア獲得については次章で論ずる）。サービスの対価としての収入や補助的な物販でカバーできない部分は寄付に依存することになる。非営利組織においては，一部もしくは全部，寄付に依存することが多い。それだけに，寄付者という支持層を構築していくことは，組織にとって大変重要な課題である。

　寄付の動機は，ゲラットが列挙する通り[1]，一様ではない。必ずしも利他的とはいえない動機も含まれる。しかし本流は，組織が掲げるミッション・ステートメントへの賛同である。寄付を通して，そのミッションの遂行に貢献することができ，自分のなし得ない大きな何かに連なることができるという気持ちである。したがって，寄付を得るための基本は，ミッション・ステートメントを明確に示すこと，加えて，それが成果を生んでいるかどうかという事実である。その事実がなければ，いくら糊塗してもいつかは剥げてしまう。寄付者の信頼を失う。

　グレースは，価値に基づくフィランソロピー，ディベロップメント，ファンド・レイジングの相互関係を，スリーパート・モデルとして図表14のように示し，3つの要素の統合がこれからの資金獲得にとって不可欠の前提であるとしている[2]。フィランソロピーは価値によって基礎づけられており，組織サイドの価値の表現としてのミッション・ステートメントによって動機づけられるものである。ディベロップメントは，

第3章 事業展開とその基軸 117

```
   フィランソロピー
   （価値に基づく）

   ディベロップメント
   （共有価値を明示）

    ファンド
    レイジング
   人々を価値に
   基づいて行動
    させる
```

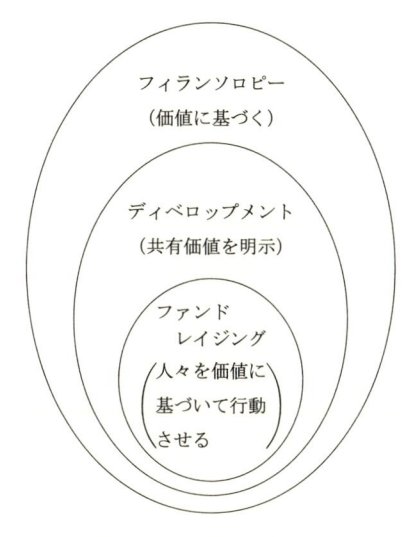

図表14 スリーパート・モデル
Grace, K.S., *Beyond Fund Raising,* John Wiley, 1997, p.7.

ミッション・ステートメントによる価値を資源提供者と共有できるように働きかけるところの組織努力である。それは寄付者を投資者と見做し（経済的利益を還元されることのない投資者であるが），共有する価値実現のためのパートナーとして位置づけ，ダイナミックにしかも安定的に協働する関係を維持する努力である。寄付者が組織の一員として，価値実現のための投資という意識をもつとするならば，現実的に資源提供を要請する行為としてのファンド・レイジングは成功が約束されたものとなる。いわば，「ひとりでに」資源提供が得られる仕組みが整えられたことになる。ファンド・レイジングは，もはや卑屈なものではなく（グレースは従来型の寄付懇願方式を the tin cup と名付け，寄付者から一方的に与えられるそのような方式からの脱出を主張する），価値実現のためのパートナーとして行われることになる。そこでは，共有する価値を実現するために，資源提供を要請することが喜びをもってなされ，それに応答することの喜びと出会うのである。

したがって，寄付者へのフィードバックとしてのアカウンタビリティ（説明責任）が重要である。寄付のお蔭で正しい成果を生み出すことができたことの報告と感謝を伝えることである。共有する価値を実現することができたことを喜ぶのである。そして引き続きの支援を要請するのである。

寄付側にも，それぞれの非営利組織のミッションとその成果を確かめ，運営の適切性を確かめる厳しい選別の目が育ってきている。寄付によって実現される成果に注目し，少ない寄付対象を選び，集中した寄付をする傾向が生まれている。逆に見れば，非営利組織の間に寄付を獲得する競争が生じてきている。手練手管ではなくて，ミッションを共有し，行動に信頼を寄せてくれる共同体のパートナーをつくる気持ちが必要である。そして，その関係を深めることによって，単なる寄付にとどまらず，組織の性格によっては会費を定期的に納入する会員へと進み，さらにはボランティアとしてプログラム活動に参加し，場合によっては理事や委員として経営に貢献してもらうことをも願いつつ，感謝と責任をもって対応するのである。非営利組織の温かい心と期待がミッションに託されて伝えられていくことが期待される。

寄付を要請する対象には，大きく行政に関わるもの（ODA，国際ボランティア貯金，政府・地方行政の補助・助成），助成財団（企業や個人によって設立された資金助成財団），企業（社会貢献部などで行う資金助成），個人がある。非営利組織にとって，主としてどの資源にアプローチするかの選択が必要である。ミッションの目指す性格により選択が異なる。行政の方針に適合し，もっぱら受益者サービスに精力を集中しようとする場合は，行政が提供するファンドを見つけてアプローチすることになるであろう。財団は，自らの重点領域に資金を助成しようとするので，助成を受けようとする財団の性格を識別しておく必要がある。このような大口資金の導入は，アプローチ先が限定され，説明や報

告の相手も限定されるので，募金効率が高いものとなる。また，助成財団は比較的大きな組織であるため，求められる報告も体系化されており，助成を受けることによって自然に一定水準の管理が組織の内に確立されていくことになる。そのようなメリットにもかかわらず，助成先から，金だけでなく必要以上の口も出される場合や，助成が打ち切られると回復不可能な財政的影響を受けてしまう場合には問題が生じる。

　企業にアプローチしようとする場合，グレースのいう3つのC[3)]を考慮することが現実的であろう。Connection（縁故）が効く先であれば，企業にありがちな，アプローチするまでの障壁を取り払うことができる。企業幹部と好意的関係のもてる人脈がある，活動のなかで何らかのおつきあいがある（その企業の製品を購入しているなど），同じ地域内にある・・・等の関係は，どちらかというと情緒的なものであるが活用できるものである。Concern（関心）は，非営利組織のミッションとの関係性である。それと企業のもつ関心領域が重なり合うならば，価値を共有することができるようになり，長期的安定的関係が維持される可能性がある。例えば，難病の人々に関わる非営利組織であれば，製薬企業の関心と重なり合い，パートナーとして関係を維持させることが期待できやすい。Capacity（能力）は，現実的に企業がもっている寄付可能性，社会貢献に予定しているバジェットの大きさというようなものである。それによって資源を提供してもらえる大きさが制約される。

　企業と非営利組織とのコラボレーションは，わが国で拡大の傾向をとるものと予想される。経団連の1％クラブなど，バブル期に成長した社会貢献活動は必ずしも順調に拡大しているわけではない。しかし，企業不祥事多発などの事象は経営倫理の問題を広く浮かび上がらせることに繋がった。不祥事を発生させないためのリスク・マネジメントのみならず，積極的に，環境への配慮，社会貢献への関心を社会にアピールすることが，企業にとって重要な課題となってきている。社会における企業

のイメージを良好に保ち，顧客からの好意的選択を獲得し，従業員の誇りと満足を充足させることが重要な課題となってきている。そのため，3つのCにかかわって，非営利組織への寄付や従業員とのマッチング・ギフトなどが大きく視野に入ってくることになってきている。自己利益という立場からみても，長期的にそれを達成するためには社会的配慮が必要であるとの認識も深まり，企業倫理における「啓発された自己利益（enlightened self-interest）」として関心が寄せられている。

アメリカではこのようなコラボレーションが発達しており，企業にとって，理想や大義に関わるマーケティング（cause-related marketing）として積極的に用いられている。例えば，アメリカン・エクスプレス・カードは，カードが使われる度に3セントづつSOSという飢餓救援の非営利組織に寄付することを決定し，さらにKマートは店でアメリカン・エクスプレス・カードが使われるたびに10セントを加算するキャンペーンを実施した。それは500万ドル以上の寄付実績となった。アメリカン・エクスプレス・カードは，レストランやホテルで使用されることが多いだけに，飢餓救援という目的はカード所有者への浸透がうまくいき，彼らはアメリカン・エクスプレス・カードに対して強い支持と満足を表明することになり，従業員もまた飢餓対策ボランティアに参加する者が拡大した。このコラボレーションにより，アメリカン・エクスプレス・カードはマーケティング上の成功をおさめ，非営利組織SOSは多額の寄付を得ることに成功したのである[4]。

このような企業寄付は大きな成功が期待できるとともに，リスクをも考慮しなければならない。特定企業と提携することによって，組織の中立性が損なわれてはならない。また，企業がマーケティング上の自己利益のみに偏っている場合，問題を生じやすい。まして，その企業が不祥事でも発生させるならば，コラボレートしている非営利組織にも大きなイメージダウンは避けられない。コラボレーションは，基本的に価値の

共有によるパートナーとしてのものであるという原点はしっかりおさえておかなければ，長期的な成功を望むことはできないのである。

　個人の寄付は，小口で範囲も広く，募金効率はかならずしもよいとはいえない。しかし，多数が対象であるだけに，ある種の安定がある。非営利組織側にスキャンダルでも発生するようなアクシデントがなければ，急に募金額が減少することは稀である。また，多くの人々にアプローチをすることにより，多くの人々とミッションを共有し協働性を達成していくことができる。日本キリスト教海外医療協力会（JOCS）には，草の根の海外の貧しい人々を，わが国の草の根の人々によって支えるという信条がある。それによって，わが国の人々に愛の精神と喜びを理解してもらうという考え方がある。したがって，大口の安定した寄付に依存することなく，すべての資金を比較的小口の個人会費と寄付に依存している。JOCSによって主唱され，今や日本全国に拡がった使用済切手収集運動は，その意思さえあれば誰にでも参加できるものである。全国から寄せられた小さな貢献のつみ重ねが貴重な財源となっている。

　このようにして，自らの組織のミッションや性格を考慮し，最も適切な対象を選択し，効率と安定のある資金獲得を目指すことになる。資金集めに過度の努力を投入するのではなく，本来のミッションをしっかりと実現することによって，ひとりでに寄付が集まってくるような仕組みをつくりたい。それには，寄付者が寄付をするという行為によって，自らの自己実現と見なすようになってもらうことである。寄付を獲得するマーケティングの本質とは，寄付者が組織のミッションに共感し，愛と満足をもって寄付をしてくれる仕組みをつくることである。寄付者も，ミッションを共有するところの共同体の仲間，パートナーとなるのである。このような仕組みを構築することを，もはや募金（ファンド・レイジング）という呼び方でなく，資金源開拓（ファンド・ディベロップメント）と呼ぶようになってきている。クライアントへのマーケティング

と，寄付者へのマーケティングという先にも述べた二重性は，ミッションという核によって統合され強化されていくということができる。

　第3章を通じ，事業展開の活動としての非営利組織マーケティングについて，定義，特質を述べた上で，ミッションを達成するための戦略課題と戦術課題を論述してきた。マーケティングは，クライアントと直接かかわるスタッフやプログラム企画者，資源募集スタッフだけが担当すべき機能なのではなく，トップから始めて全員がかかわるべき課題である。一般に，マーケティングに馴染まない非営利組織の現状からみれば，例えばマーケティング委員会を設置し，組織全体のマーケティング計画をリードして，各部門にマーケティング・マインドの高揚と参加を設計することが有効かもしれない。調査・分析資料，参考資料の提供など，専門的立場からのサポートを行うとともに，組織全体の定期的マーケティング計画の策定，実施の管理，評価と次期へのフィードバックを体系化するのである。委員長には，トップかそれに次ぐ者を充て，組織全体の重要課題であることを象徴するとともに，構想力と実践力のある計画を策定することが期待される。

　われわれは，営利組織マーケティングから学ぶべきことが充分にあることを認識するとともに，非営利組織の事業展開を支える基軸は，事業戦略においても，戦術においても，そして資源開発においても，組織のミッションにあることを明らかにした。いわば，非営利組織の事業展開にあって，ミッションベイスト・マネジメントの重要性を明らかにしたのである。

注
1) Gelatt, J.P. *Managing Nonprofit Organizations in the 21st Century*, The Oryx Press, 1992, pp.102-103, において，寄付の動機分析がなされ，ミッションへの共感，効果的管理への信頼，感謝の表現，自己実現，(キャラクターになっている) 有名人との共感，義務，自己利益などが挙げられている。

第3章 事業展開とその基軸　123

2) Grace, K.S. *Beyond Fund Raising*, John Wiley, 1997, pp.3-19.
3) *Ibid.*, pp.30-31.
4) Andersen, Alan R., 'Profits for Nonprofits', *Harvard Business Review on Nonprofits*, Harvard Business School Press, 1999, pp.117-118.

第4章

人材管理とその基軸

　この章では，組織にとって決定的に重要な人材管理問題を検討する。貢献活動を獲得するための誘因を検討し，有給スタッフ，ボランティアという対象について考察を進める。バーナードによれば，誘因には物的なものはもちろん，理想の恩恵，社会結合上の魅力，広い参加の機会，心的交流の状態など非物質的誘因が含まれる。営利組織においては，経済的物的条件が優先して提供されるけれども，ある水準を超えてしまうと強力な動機づけ要因にはならないことをバーナードは主張し，ハーズバーグ等もその見解を実証している。非営利組織においては，有給スタッフへの誘因には，経済的なものも関係するが，仕事の非物質的意義に共鳴して参加している場合が多い。ましてボランティアについては，非物質的誘因のみで組織に貢献しようとするのである。ここでも，ミッションという非物質的価値が誘因として働き貢献へと誘引するのである。人材管理においても，ミッションがその基軸として機能する。

　有給スタッフについては，人材としての成長のため計画的に研修を実施すること，目標管理を導入すること，柔軟な組織構造を採用してスタッフの自主性を尊重することなどを特に留意すべきである。スタッフの能力は，ミッションを現実的目標や戦略形成にブ

> レークダウンする能力，それを現実的に達成していく能力にかかわっている。それらを中心に評価することによって，能力主義人事が取り入れられていくことになるであろう。
>
> 　ボランティアは非営利組織にとって特別の意味をもっている。その存在によって，経済面における寄与のみならず，文化や共同などの機能を付加し，スタッフへの教育的効果やコミュニティ形成が促進される。自発性，無償性，連帯性など，ボランティアが具現する価値的側面は非営利組織の本質にかかわるものである。管理としては，その貢献に感謝するとともに，協働のパートナーとして扱うことが重要である。一方では，ボランティアといえども，責任を要求し，要求があるからといって適切でない仕事を提供することがあってはならない。スタッフもボランティアも成果ある貢献をすることによって，協働の喜びと心の触れ合いが生まれ，そこに共同体が生まれてくるのである。

第1節　貢献活動の確保

誘因の提供

　人間という経営にとっての最大の資源を活用し，その強みを引き出して組織目的を達成していくことは，マーケティングと並んでマネジメントの柱である。ATT（アメリカ電信電話会社）社長であったカッペルは，明日に向かってバイタリティーを発揮していくために，今日何をなすかがマネジメントの責任であると主張し，次のようにいう。「『現在の仕事の中で，第一になすべきことは何か』と，たずねられたら，なんの躊躇もなくつぎのように答えるだろう。『従業員のことだ』と。それは，

確かに陳腐な答えである。もっと神秘的で新奇な，うまい言葉がありそうにも思えるのだが，答えは，やはり同じことで，それ以外にはありえない[1]」と。

ヒトは経営資源のなかでも決定的に重要である。バーナードはいう。「個人はつねに組織における基本的な戦略的要因である[2]」と。

人々が協働にむけて貢献する意欲なくしては組織は成り立たない。そして個人は，貢献するかどうかを決定する自由意思をもっている。したがって，「個人は協働するよう誘引されなければならない。そうでなければ協働はありえないのである[3]」。非営利組織の成果は，現場を預かるスタッフ（コンタクト・パーソネル）がクライアントにどう対応するかによって大きく左右される。経済的処遇とともに，非営利組織ならではの誘因を加え，個人に対する処遇を総合的に豊かにすることが求められる。個人の組織へのコミットメントを強め，責任と活力を引き出すことが不可欠である。力ある組織というものは，権限よりも責任が優先して担われており，活力に満ちているものである。そのような状況を組織内につくり出すことはマネジメントの仕事である。主としてバーナードに沿いながら，個人がいかに貢献意欲を拡大するかを論じていく。

個人の貢献を求めるために，組織は次の二つの方法を用意することができる。

(1) 誘因の方法——個人にとって貢献意欲を起こさせるような誘因を提供する方法である。それによって，個人を組織に貢献するよう誘引しようとする。例えば物財など，その存在と作用が認められる，誘因の客観的側面である。

(2) 説得の方法——提供される誘因に対し，個人がどう動機づけられるかという，誘因の主観的な側面である。個人の主観的態度を改変して組織に貢献するよう誘引しようとするのである。

(1)の誘因の方法は，バーナードもいうように，営利組織において強調

される側面であり，(2)の説得の方法は，非営利組織において強調される側面であるが，実際的には，程度の差はあれ，あらゆる組織で2つの方法が並行して用いられている。

　誘因の方法は，さまざまな種類の誘因を提供することによって行われる。誘因には次のようなものがある[4]。

(a) 物質的誘因——個人の物的必要性を充たすため，基本的に用いられる誘因である。貢献に対する報酬として提供される。個人の物的欲求は際限なく広がるのが普通である。バーナードは，生理的水準を越えてしまうと，個人にとって相対的に弱い誘因にしかならないと指摘している。

(b) 個人的で非物質的な機会——優越，威信，支配的地位などを獲得するという誘因であり，マズローのいう承認欲求がこれにあたる。(a)で示した報酬の差の価値も，実際的にはこの欲求の表現として説明できることも多い。

(c) 好ましい物的条件——協働に対する誘因としての作業条件である。

(d) 理想の恩恵——個人が抱く理想を充たしていく組織の能力である。この理想のなかには，働くことの誇り，家族や社会への奉仕感情，愛国主義，美的価値，宗教的価値などが含まれる。バーナードは，協働にたいする誘因として最も強力であるが，最も無視されがちなものの一つであるとしている。

(e) 社会結合上の魅力——人種や宗教，慣習や社会的地位などに大きな差があれば社会的調和が破られ，協働意欲が妨げられる。協働する人々の見地からみた好ましい社会結合上の情況は誘因の一つとなる。

(f) 情況の習慣的なやり方と態度への適合——不慣れな仕事のやり方や職場の習わしが存在すれば，協働への意欲が削がれることに

なる。
- (g) 広い参加の機会——自分が全体の動きに参加しているという感情をもつことのできる機会である。自分の努力が全体に影響を及ぼし，貢献しているという意識である。全体との結合が実感できない"単なる歯車"では貢献意欲は生じにくい。
- (h) 心的交流の状態——仲間意識や相互扶助の機会が豊かであれば，人格的なやすらぎの感情を生み出すことができる。非公式組織の基礎ともいえる。

　ハーズバーグは1966年，動機づけ＝衛生理論を発表し，物質的誘因は，あるレベルを超えなければ——例えば，俸給が生活できないほど低ければ——極めて貢献意欲を阻害する要因（衛生要因）であるが，あるレベルを超えてしまうと，積極的な貢献意欲をかきたてる要因（動機づけ要因）にはなりえないことを，多くのデータに基づいて明らかにした[5]。やり甲斐のある仕事，自ら責任をもって達成できたという感情，そのような満足が積極的要因になるとした。それは，バーナード理論を裏付ける実証研究ともいえる結果でもあった。

誘因の経済

　このように，人々に貢献を求めるためには，状況に応じさまざまな組み合わせによって誘因が提供されなければならない。非営利組織においては，(d)(e)(g)(h)を重視することによって人々の貢献意欲を得ていくことが大切である。これらの誘因が実現しやすいことが非営利組織の特質であり，強みである。それは企業では得られにくい強力な誘因である。そこで個人は，ミッションを共有し貢献することを通して，一つの共同体に繋がり，理想の実現にかかわっている喜びを実感するのである。20世紀社会の病理を癒す自由と愛の世界が開けてくるのである。
　組織としては，誘因となるべき資源と，その支出とのバランスを図ら

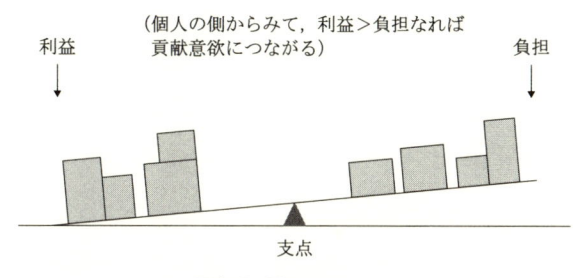

第4章 人材管理とその基軸　129

（個人の側からみて，利益＞負担なれば貢献意欲につながる）

利益　　　　　　　　　　　　　　　　　　　　負担

支点

図表15　誘因のシーソー
Torgersen, 1969. トーガスン著，岡田・高沢訳『C.I. バーナードの組織概念』白桃書房，1973年，109頁。

なければならない。これが，誘因の経済と呼ばれるものである。

　この様子は，バーナードの組織概念を解説したトーガスンの図表によってよく理解できる。図表において，ブロックの大きさは組織から支出される誘因の量を表す。同じ量であっても（組織としての支出は同じであっても），それがシーソーの支点からどれだけの距離に置かれているかによって，与える影響力は大いに異なる。シーソーの上のブロックの位置は，誘因に対する個人の主観を表しており，説得の方法によって左右される。同一の誘因が提供されたとしても，個人がどれほど貢献に向かって動機づけられるかは同一ではない。

　誘因の経済を考えるとき，「誘因を少なく与え，多くの貢献を取り出す」ことを考えるのではなく，組織にとっては大きな支出にならないが，個人にとっては価値の大きい誘因を提供することが大切である。このようにみれば，もっぱら物的経済的誘因に頼るということは，組織の経済にとっても，個人の向上や喜びにとっても，決して好ましいものではないことが明らかであろう。オスターも，物的経済的誘因に頼ること（オスターは「誘因契約（incentive contract）」と称している）は，結果として非営利組織という評判を落とすことに繋がりやすいと指摘している[6]。

　営利組織においては，しばしば物質的誘因や作業条件に重点がおかれ

る。そうした誘因の圧力によって，個人人格として抱いている理想への思いや自由への思いは圧倒されることになりやすい。真の自己を求め，自由を求める個人人格が存在していたとしても，組織からの圧力がそれらの思いを屈伏させてしまうことに繋がりやすい。それに対して，誘因を経済的なものにとどめず，望ましいものにシフトしていくことは，個人の人間としてのあり方を責任的にするばかりか，組織としても極めて「経済」に適うことである。それによって，個人人格と組織人格が一致へと近づき，個人と組織との同時的発展が得られる。非営利組織はその実現に近いところにいる。ミッションという基軸が望ましい誘因を創造する。それを現実のものにすることに管理の責任があるということができる。

注
1) Kappel, Frederic R., *Vitality in a Business Enterprise*, McGraw-Hill, 1960. 富賀見博訳『企業成長の哲学』ダイヤモンド社，1962年，108頁。
2) Barnard, C.I., *The Functions of the Executive, op.cit.*, p.139. 前掲訳書，145頁。
3) *Ibid.*, p.139. 同訳書，145頁。
4) *Ibid.*, pp.142-149, 同訳書，148-155頁，に拠っている。バーナードは，(a)-(d)の誘因は個人に特定的に提供されるものであり，(e)-(h)の誘因は個人的なものではなく，特定的には提供されないものとして分類している。バーナードは，前者を特殊的誘因，後者を一般的誘因と呼んでいる。われわれは，誘因の項目はバーナードの指摘とその順序に従い，説明内容については一部引用している。他に自らの成長も誘因として考えられる。
5) Herzberg, F., *Work and the Nature of Man*, World Press, 1966. 北野利信訳『仕事と人間性』東洋経済新報社，1968年。
6) Oster, S.M., *Strategic Management for Nonprofit Organizations*, Oxford Univ. Press, 1995, p.68.

第2節　有給スタッフの管理

採用と処遇

　非営利組織における専門職である医師，看護師，社会福祉士，教師などは採用の手順が決まっている。人材供給側（養成機関）も需要側（病

院・学校など）も限定されている。従来はどちらかというと供給側が強い立場であった。病院や大学の現場は供給のルートが固定的であった。しかし，需要側の意思が優先するというマーケティング原則からみても，これらの仕組みは徐々に変化していくことになるであろう。供給側が過剰サイドに移行することによって事情は加速される。独自のミッションと特徴をもつ非営利組織が，それに適合した人材を従来の枠にとらわれず求めていくことは望ましいことである。非営利組織では特に，人材が経営資源の中心である。

　非営利組織においては，大規模病院や学校に見られるごとく，労働に関する規定が詳細に決められている場合や，小さなNPO法人では規定が全然ない場合など，バラツキが大きい。詳細に決められている場合でも，行政に準じたいわば固い規定が多く，いずれの場合も変革の必要があるといえよう。非営利組織ゆえの善意や暗黙の了解に依存するのではなく，緩やかであってもスタッフとの間で法的規準を踏まえた契約や取り決めを設定することが望まれる。

　物質的処遇についていえば，わが国の非営利組織においては，事実上職種別年功給である。病院でも学校でも福祉施設でもほとんどがそうなっている。医療職，看護職，事務職ごとの職種により給与体系が決まっており，同じ職種のなかでは年功によって上がっていくという仕組みになっている。営利組織と異なり，男女間の差別は比較的少なくなっている[1]。

　非営利組織においても，今後は能力主義や業績主義が導入されることになるだろう。理由はいくつかある。①給与水準が上がってきて，一応の生活を保証するものとなってきたこと，②能力や業績と連動させなければ組織の財務運営が困難になってきたこと，③従業員側からも能力主義や業績主義への要望が高まってきたこと，④営利組織における潮流が急速に能力主義に移行してきていること，などである。

非営利組織における能力は，ミッションを現実的目標にブレークダウンする能力，そしてそれを達成する能力にかかわっている。専門職に評価を適用し，能力主義報酬を適用することには抵抗がある。当面の導入としては，月次給与の決定は国家公務員基準（もしくはそれの一定割合）で運用し，期末賞与を能力主義で運用するという選択がある。公務員給与の水準は営利組織との比較で決められている。月次給与は生活保証要素が強く基礎的なものであるから，従来方式で運用する。それによって，一応の納得性が得られるうえ，処遇にまつわる交渉エネルギーの多くが節約される。賞与は単発的であるから，能力や業績と連動させることにより刺激性をもたせる。組織の年次業績によって賞与全体の総額を決定し，個人の貢献評価によって個人配分を決定する。組織の財務業績が順調であれば配分総額が膨らみ，個人の貢献評価により配分が上下するという刺激をつくる。

　能力主義人事を採用するとすれば，個人に対する評価が必要になる。従来非営利組織が苦手としてきたところである。せいぜい印象による評価か，昇進者を決めるときの選択があっただけである。一般に，医師や教師は評価されることを好まない。しかし評価のないところに能力主義人事はない。評価を軸として，給与や昇進・配置さらに教育が計画される。評価は人間が行う。したがって，主観性や不公平性が多少とも伴うことは避けられない。しかし，できるだけ公正な評価に近づける努力が必要である。評価項目に客観的尺度を導入する（例えば，募金係はその実績が客観的尺度になる）。一人の上司による評価だけではなく，多数評価・多面評価を行う（一次評価者，二次評価者を決める。あるいは，上司だけでなく，同僚・部下からの評価も行う）などの工夫ができる。

　評価の着眼点は，実績（顕在化されたもの）・能力（潜在しているものを含む）・勤務態度から構成される。非営利組織における評価基準は，

営利組織のそれと同一ではない。ミッションへの理解や貢献，経済・政治・文化・共同への調和の取れた活動，情報開示，部下育成などは，着眼点のなかで重視すべきポイントである。

教育と成長

　個人が成長することは重要である。本人の人生を豊かにし，組織も豊かになっていく。非営利組織では，論理や技術にかかわる能力向上のみならず，価値的側面にかかわる意識向上が特に重要である。心のこもったサービスがクライアントに伝わらなければ，ミッションの達成は困難である。繰り返しミッションの意味を問い，その価値観が各自の行動に滲み出るようにならなければならない。

　教育は3つの柱からなる。
　　(1)日常業務を現場とした指導（OJT – On the Job Training）
　　(2)現場を離れた研修（Off JT – Off the Job Training）
　　(3)自己啓発
　集団研修プログラム（(2)に属するもの）として3つの側面がある。
　　　(a)階層別プログラム　職位ランクに応じたマネジメントやリーダーシップの研修
　　　(b)職能別プログラム　職種に応じた専門知識などの研修。
　　　(c)共通プログラム　　組織全体に共通するテーマで，ミッション理解や接遇訓練などのプログラム

　非営利組織では，合理的側面にかかわる能力の向上のみならず，価値的側面の意識向上が重要である。心あるサービスがスタッフの行動を通してクライアントに伝わらなければ，ミッションの達成は困難である。繰り返しミッションを問い，その意義を確かめ，各自の行動にそれが滲み出るようにしなければならない。

　研修は思いつきで実施されるのではなく，3〜5年の中期計画による

```
        ┌──────────┐
        │ ミッション │
        └────┬─────┘
             ↓
┌────────┐ ┌──────────┐ ┌────────┐
│経営展開上の│→│  中期   │←│ 現場の │
│ ニーズ  │ │体系的研修計画│ │ ニーズ │
└────────┘ └────┬─────┘ └────────┘
                ↓
        ┌──────────────┐
        │ 単年度実施計画 │
        └──────┬───────┘
               ↓
        ┌──────┬──────┐
        │      │ 企画 │
        │ 個別 ├──────┤
        │プログラム│ 準備 │→ 計画への
        │      ├──────┤   フィードバック
        │      │ 実施 │
        │      ├──────┤
        │      │ 評価 │
        └──────┴──────┘
```

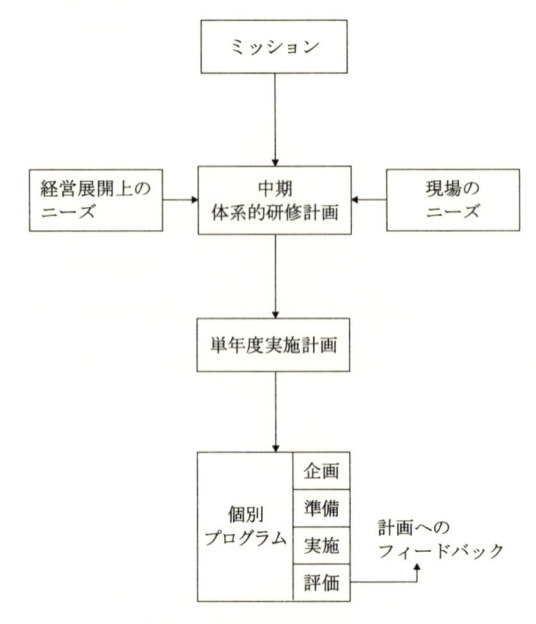

図表16　研修計画のフローチャート

実施が望ましい。そのフローは図表のようである。ここでも Plan（計画）- Do（実行）- See（評価）が行われ，次の Plan に反映させていくというサイクルが有効である。

　ドラッカーは，『マネジメントの実践』において，従業員に自由を拡大し，それを通して組織の成果を実現するやり方として，目標管理（MBO：Management By Objectives）を提唱した。自由にして機能する社会を目指すドラッカーならではの提唱であった。
　各スタッフは，年度始めに自らの目標を自主的に設定し，年度内にそれを実現させることによって組織に成果をもたらし，自らの成長も達成することが期待されている。したがって，目標は自ら設定するとともに，上司との話し合いをもつことによって，組織全体の目標にも組み入れることが必要である。

目標は，業務上のもの，個人能力向上を目指すもの，業務には直接関係しないが個人のライフワークにかかわるもの，に分けられる。定型のものではなく，特別に留意し，特別の努力によって実現されるような高めの課題を設定し，実行する。年度末に達成度を評価し，次の年度の目標設定に反映させるという Plan – Do – See のサイクルを活用することになる。

目標管理は，自主的・参加的・積極的システムとして非営利組織スタッフ（できればボランティアも含めて）の人事管理に採用したい。次の図表は，筆者が病院スタッフと相談して作成した目標管理の一例である。

企業の場合もそうであろうが，非営利組織はラーニング・オーガニゼーション（学習する組織）であることが求められる。組織のミッションを共有し，それの現実への適応を常に問いながら，アイディアや手

部署		役職		氏名					印	目標提出日			年	月	日
上長 氏名①			印	上長 氏名②					印	所見提出日			年	月	日
順位	目 標		具体的施策		4	5	6	7	8	9	10	11	12	1	2	3	目標達成度
1																	%
2																	%
3																	%
特記事項				自己所見						上長所見					
業務・配置の希望															

図表17　目標管理

段・プロセスを開発し,実践し,評価し,その結果を組織に蓄積された知識として学習を続けていくことが求められる。このように学習するサイクルに組織メンバーが組み込まれ,自主的に参加していくとき,メンバー個人の熟達と組織としての熟達が相乗的に達成されていくことになる。

　アジアの発展途上国バングラデシュは,経済的には世界の最貧国の一つであり,企業活動は活発とはいえない。そのような環境のなかにあって,非営利組織であるBRAC（元はBangladesh Rural Advancement Committee—バングラデシュ農村振興委員会—の略であったが,現在は農村のみならず都市部にも活動を拡げ,BRACが正式の組織名となっている）は,バングラデシュ独立間もない1972年にバングラデシュ人ファズル・H・アベッドによって設立された。貧しいバングラデシュのなかでも最も貧しい人々のニーズに応え,人々自らのエンパワーメントを進めることで貧困の悪循環を断つことをミッションとしている。経営資源に乏しい発展途上国の非営利組織でありながら,アベッドをリーダーとするBRACは,センゲのいうラーニング・オーガニゼーションを見事に実現し機能している事例ということができる。

　日本と同じくらいの人口をもちながら,GNPは日本の100分の1,15歳以上の識字率は男性52%・女性30%,5歳未満児の乳幼児死亡率は9%[2],という状況である。政府は中央集権的で生産性が低く,企業活動は低調,農村は封建的支配にあることが多く搾取的である。BRACは敢えて問題の多い農村部の開発から手を染めた。その考え方は,貧しい人々に物資を与えるという方法ではなく,彼らが自立する意思と能力をもつことができるようエンパワーすることに特徴がある。外国のNGOが貧しい人々に一方的に物資を与えることによって,かえって現地の人々の自立心を阻害することがある事例と対照したい。BRACの開発理論は,人々に物資を提供するパトロンになることではなく,自立

第4章　人材管理とその基軸　137

と参加そして能力開発の徹底を指向している。それは，人間に対する信頼，もし機会が適切に与えられるならば人は必ず難局に立ち向かい問題を解決することができるという信頼に基づいている。村落に自主組織をつくり，BRACの有給スタッフであるプログラム・オルガナイザーがサポートしながら，所得獲得のための技術習得や議論・少額の融資と返済・保健や栄養・社会問題や子供の教育などに注力し，一人一人の個人とともに村落全体としても絶えず学習しエンパワーされることを目指している。共通の価値としてのミッションを共有しながら，参加的分権的にマネジメントされており，全員の成長が期待されている。幹部のみならず2万5千人に及ぶ有給スタッフ（非常勤をくわえると6万人規模）がクライアントである貧しい農民を巻き込みながら，相互に学び啓発を受けつつ学習する組織となっているのである。

　BRACの活動は都市部にも拡大し，「開発プログラム」「保健・栄養・人口プログラム」「学校教育プログラム」を3本柱として展開し，研修機関・自営企業・図書館・評価機関などを擁し，今やバングラデシュにとって欠かすことのできない組織となっており，創立以来の拡大を続けている。開発プログラムの一部である少額融資プロジェクトをみても，現在までの融資合計額は12億米ドルを越えるスケールにまで達しながら，その返済率は98％以上という実績を示しており，規模だけではなく，道徳的側面に及ぶBRACの並外れた成果を垣間見ることができる。ミッションの共有・責任と参加意識の確立とともに，組織をあげて学習する前向きの姿勢を実感することができるのである[3]。

自律的組織デザイン
　非営利組織には専門家が多い。彼らは一般に自律を好む。彼らの自由裁量を狭めるのでは彼らの強みを引き出すことは難しい。そこで，上下何層にもわたるライン型組織は馴染まないことが多い。文鎮型といわれ

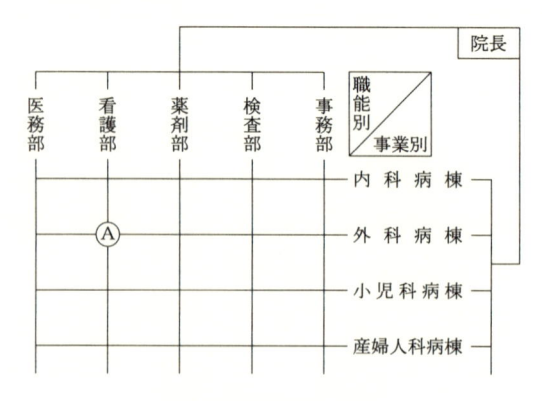

図表18　マトリクス組織

るフラットな組織，ドラッカーのいうオーケストラのような組織——いずれも多数の専門家を一人のリーダーがコーディネイトする組織——や，必要に応じて柔軟に編成され解散していく組織が未来型となるのかもしれない。企業においてもそのような組織構造が指向されているが，特に非営利組織にあっては柔構造のモデルが有効であり，自律的な小集団，マトリクス組織などの活用が検討されることになるであろう。

　病院におけるマトリクス組織の一例を図示した。看護師Aは，職能ラインの看護部長の指令系統にあるとともに，事業部ラインの外科病棟責任者の指令系統にも属している。マトリクス型は，二人の上司からの指令という微妙な関係をスタッフ自身が調整しなければならないので，メンバーが一定の成熟度に達した組織に適合しているといえよう。

　フラットな組織がうまく機能していくためには，組織のミッションが明快に示されていることが重要である。その顕著な事例はカトリック教会であろう。カトリック教会組織の概観は図表の通りである。信徒が全世界で10億人に及ぶ大組織でありながら，管理組織は3層のみである。バーナードも，米国陸軍では9～10，ベル電話会社では8～10の伝達段階でもさほど多くはないとした上で，「伝達ラインの同様な短さは，管理的見地からみたカトリック教会においても注目に値する[4]」と述べて

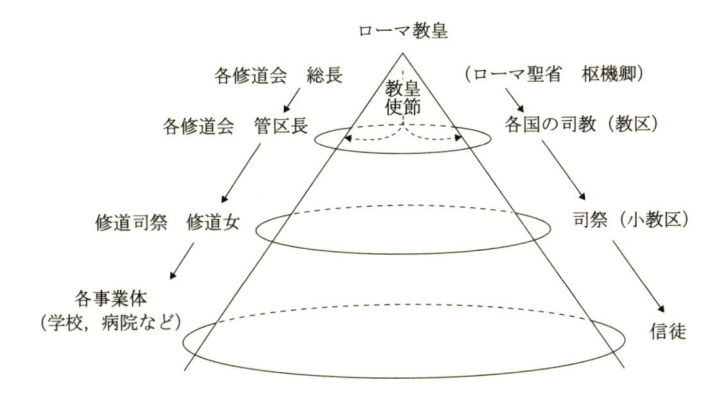

図表19　カトリック教会組織の概要
山田經三「カトリック教会組織の一考察―参加的組織をめざして―」，組織学会編集『組織科学』Vol.11 No.2, 丸善, 1977年。現在もこの図表が妥当している。

いる。バーナード組織論でいうならば，公式組織の目的が明確で末端信徒まで浸透していること，そのゆえに極めて短い管理階層で意思疎通が可能であるということになる。伝達の速度や正確性は，他の条件が等しい限り，通過する経路が短いほど速くなり，誤りも少なくなる。

　どれかのデザインが絶対的に正しいのではなく，自らの状況に最も適合したデザインを基本型として選択し，その短所を補完する組立てが有効となるのである。

注
1) アメリカにおいても，非営利組織においては男女較差がすくないことをオスターは指摘している。Oster, *Strategic Management for Nonprofit Organizations, op.cit.* p.66.
2) 共同通信社『世界年鑑2002』共同通信社，2002年，および下記3) の文献による。
3) BRACの事例は，Lovell, C.H., *Breaking the Cycle of Poverty*, Kumarian Press, 1992, 久木田由貴子・純『マネジメント・開発・NGO』新評論，2001年，BRACホームページおよび筆者の現地経験などに基づいている。
4) Barnard, C.I., *The Functions of the Executive, op.cit.*, p.177. 前掲訳書，185頁。

第3節　ボランティアの管理

ボランティアの特性

　ボランティア（volunteer）は，何らかの能力をもって自発的に奉仕する人である[1]。

　ボランティアを考える場合に前提ともされる特性としては，先ず自発性・無償性・連帯性を挙げることができるであろう[2]。

　自発性は，ボランティアの定義に含まれる基本的な特性ということができる。他者との連帯への志向や価値観に押し出されて，自らの判断で自らの責任で行為するのである。そこには，ボランティア個人の主体性が前提されている。わが国で人間としての主体性が育っていないことがよく指摘されるところであるが，その意味でもわが国でボランティアが育つことは，人間としての存在が豊かになることにも繋がってくる。集団の規範や強制によって流される人間存在や，「恥の文化」に支配されている人間存在とは異なる世界なのである。

　主体的に行動するボランティアが誘引される価値が連帯性である。主体としての人間は他者と連帯することによって自己実現へと進む。連帯には利他的要素が重なり合う。第1部で論述した産業社会の病理が癒される基盤となる。真の自己実現は，主体性と連帯性を除いては成り立たない。ボランティアの動機として，利他要素と並行して，自己実現欲求を利己要素として挙げる論者もいるが，それは支持するところではない。人間は何人にも変えられない主体性のなかに生きるとともに，他者との関係性のなかに生きるものである。真の自己実現は，個人の主体性を前提として他者との連帯性と重なり合うのである。この認識は特に日本人に希薄であるとされており，ボランティアについての正しい認識と参加が，個人や社会の転換を促す重要な契機ともなることが期待される。

無償性もボランティアの特性である。自らの価値実現のために経済的対価なくして行為するのである。ボランティアにも報酬はある。それは経済的なものではなく，後述するようなさまざまな価値である。組織と共有するミッションへの貢献の喜びであり，仲間との連帯の喜びである。有償ボランティアという用語が散見されるが，本来的には語義矛盾というべきである。交通費などの実費は別として，経済的対価がないことが，経済が突出した産業社会に対するカウンター・カルチャーとしてその病理を癒すことに繋がっていくのである。

　ボランティアの特性については上記3つに加えて，先駆性，創造性，公益性など，さまざまな性格を挙げることができるであろう。もちろん，ボランティアがこれらの特性をすべて具備しているというわけではない。利己的欲求を充足させようとしている現実もあるであろう。しかしながら，上記の特性はボランティアがボランティアであるゆえんを示しているということができる。そこには，日本人の心の姿勢を転換させ，「もう一つの社会」を実現させる契機となりうるものが含まれているのである。

　1995年1月17日阪神大震災は起こった。6000人以上の人が亡くなった。筆者の裏の実家も全壊した。街はかつて経験したことのない現実の前に立ちすくんだ。余震おさまらぬ翌18日早朝，先輩福田重担はわが家に駆けつけてくれた。昨晩徹夜で準備したというおにぎりや水，ラーメンなどが詰め込まれた大きなリュックを背負っての訪問は，生活必需品の到来だけでなく，電話連絡や情報も途絶えているなかで，なによりも安心と暖かさをもたらしてくれた。福田は一息つくや，瓦礫の街の視察に飛び出していった。翌日から福田の獅子奮迅の働きが開始された。行政のリーダーシップが失われているなかで，被災者，見舞い訪問者が列をなして往来する国道2号線を働きの拠点と定め，関係あるキリスト教会から，コーヒー，紅茶，日本茶，飴，チョコレートなどを調達し，道

行く人々に無料で提供するサービスを始めた。多くの人が寒い冬の厳しい状況を背負う環境のなかで，憩いを取り，心も温められて一時を過ごしていった。福田は取材記者に語った。「物質優先の姿勢が神さんの怒りを買ったんですよ。見てごらんなさい。あれだけビルや高速道路が倒れているのに，木は一本も倒れてませんよ。自然というものがいかに強いか。それを教えてくれているんです[3)]。」

福田は自発性・無償性・連帯性を備えたボランティアの特性を発揮した。記者への言葉には，社会に訴えようとする哲学のようなものが含まれていた。仕事の効果が高まるよう，途中からはYWCAと提携して活動を進めた。福田は国道2号線の往来がまばらになる日まで働いた。暖かい春の到来のなかで，福田は体の不調を訴えた。仲間の医師の診察の結果，肺の癌が進行していることが発見された。8月の夏日，福田は逝った。若い日からボランティアを始め，その最期をボランティアで締めくくった64歳の人生であった。

アメリカでは，成人のおおよそ半分の人が，平均週4時間のボランティア活動をしているといわれている。わが国では，阪神大震災以来ボランティア活動が活発化したといわれているが，その実態はアメリカに遠く及ばない。ボランティア参加数や活動時間，経済価値などの統計の信頼性はあまり高いとはいえないが，各種統計から算出した日米ボランティア比較数字は図表のとおりである[4)]。

	日本（2001年）	アメリカ（1998年）
ボランティア参加数	3263万人	1億1117万人
ボランティアの人口比率	10歳以上の29%	18歳以上の56%
参加者の週平均ボランティア時間	不　明	3.5時間

図表20　日米のボランティア比較

ボランティアの貢献と参加動機

　ボランティアの存在, ボランタリズムの存在は非営利組織の始点である[5]。佐藤慶幸は, 個人の自立の上に立った連帯領域を「生活世界」とし, 経済突出によって失われた生活世界を復権させるベクトルとしてのボランタリズムの重要性を指摘している。すなわち,「人びとは, ボランタリー・アソシエーションをとおして他者と連帯し, 人間疎外を克服し, 自己の生活世界をシステム合理性の押しつけてくる専制的な諸要求から, 相対的に自立させようと努力している[6]」としている。佐藤の主張は, ハーバーマスの主張に重なり合っているが, 同じく入江幸男も, ボランティア活動は「人と触れ合い, 同じく人間として認め合い, 生きる力を分かち合うということに重要な意味があるのだとすれば・・相互了解や相互承認を志向する活動である[7]」とするのである。

　わが国では「公」は国家（お上）が掌握し, 公共領域を支配してきた伝統があるが, ボランタリズムによる活動は「私」の側から公共領域を主体的に形成していく市民的活動ともいうことができる。このような市民的活動の事例を, 先進国アメリカにおいてみることにしよう。

　AARP（全米退職者協会）は, 1958年にNPOとして登録され, 現在は3400万人を越す大組織となっている。AARPは, 定年で退職するやいなや医療保険をはじめとする社会保障の貧困という問題に遭遇する, という現実に衝撃を受けた一人の女性によって創立された。50歳以上の人々の必要や関心に応え, 生活の質を高めることをミッションとするAARPは, 今までに高齢者医療保険や医療扶助制度を制度化させたり, 年齢による強制退職制度を禁止させるという社会運動をリードし, 高齢者問題のシンクタンクとしての役割と政府へのロビー活動を成功させてきた。50歳以上であれば誰でも安い会費で入会することができ, 会員には, 定期刊行物が配布される他, 割引価格での各種保険への加入, 年金プランへの加入, 医薬品の通信販売, 生活情報や生涯教育プラン, 法律

相談，ボランティアによる福祉支援などのサービスが提供されている。さらにジェロントロジー（老年学）の研究や，学会の協力によって高齢者政策についての政策提言をするとともに，会員への政策教育・投票促進活動を推進して議員や行政に大きな影響力を行使している。

　会費，保険等の手数料，広告，補助金による収入をベースに，全米3600カ所の本部支部では多くの有給スタッフが働いているが，非営利組織であるAARPの活動はボランティアによって支えられていることも特徴である。リーダーは学習センターで研修を受け，ボランティア・コーディネーターとしてその任に当たり，電話相談，納税申告援助，ロビー活動など多くの活動を担っている。AARPは，会員がサービスを受動的に享受する客体であるばかりでなく，積極的に提供する主体となることを目指している。会員がボランティア活動を実践することを通してポジティブ・ウエルフェアを実現し，活き活きした社会をつくることを目指している。そうしたボランタリズムがこの組織を活性化させる源泉となっており，これだけの大組織となっても官僚化を回避することに成功してきていると評価されている。AARPは，一女性の非営利的行動から出発し，市民の側からの活動領域を拡げ，行政や企業セクターに影響力を及ぼしつつアメリカにおける公共領域の形成に寄与し，生活世界を充実させる役割を果たしてきたということができる[8]。

　ボランティアが組織に与える効果には次のようなものがある。
　　(1) 無償サービスによる経済的貢献——JOCSでは，全国から届けられる使用済切手の整理をボランティアが受けもっている。その無償の働きによって，使用済切手の換金による収益額は総収入の1割程度を占めている。事務処理ボランティア，コンピュータ・ボランティア，プログラム・ボランティア，各種委員や理事ボランティアなどを入れると，貢献による経済換算価

値は膨大なものとなる。非営利組織の資源は，寄付と並んで，ボランティアによる経済的貢献が大きな柱である。

(2) スタッフに対する教育的意義——喜んで無償で働くボランティアの活動は，有給スタッフにとって模範となることが多い。泥にまみれて花壇をつくっているボランティアの姿は，無言の表現として有給スタッフの協働への姿勢に影響を与える。また，ボランティアは大部分の時間は他の活動に参加していることが普通であるから，組織の外からみた客観的な意見や視点を提供することができる上，組織における昇給とか昇進からも解放されているがゆえに批判的な意見も直截的に提出されることも期待される。場合によっては，世俗化に陥る危機からマネジメントの姿勢を修正し，ミッションに回帰させるという本質的な役割を果たすことも考えられる。

(3) コミュニティの形成——病院では，看護師よりもボランティアの車椅子介助を好む患者がいる。職業色のない目線や人間的触れ合いが喜ばれる。スタッフを含め，非営利組織が人間としての連帯を実現する現場となる。職場で希薄化されていくコミュニティの現場がここで回復される。岡本栄一は，「人というものは，誰かに大事にされている，愛されている，あるいは必要とされている，といった『存在感』を必要とする『存在』なのである・・・『存在』へのつなぎ，とりなしの行為がボランティア活動である[9]」としている。

(4) 組織へのサポート醸成——ボランティアは地域社会との接点機能を果たすことが多く，組織にとってのアポスル（良い評価を伝える人）として口コミ効果を発揮することができる。ボランティアとしての参加や寄付への協力を要請したり，組織が行う事業やイベントへの理解や勧誘を期待することがで

きる。

　ボランティアが無償で活動に参加する動機について，多くの調査や指摘がされている。ウルフの指摘[10]を，他の見解も参照しながらまとめると，
　　(1)　組織の掲げるミッションに対する貢献意欲
　　(2)　自己の利益でないものに貢献したいという精神的充足
　　(3)　人間的触れ合い，仲間の発見
　　(4)　異質な環境の人々との新鮮な出会いや経験
　　(5)　組織設立や運営への興味
　　(6)　人脈づくりや就職機会の発見
　　(7)　世間体

ということになろう。先に述べたように，自発性・無償性・連帯性などがボランティアの特性とされることが多いのであるが，ボランティアといえども，必ずしもそうばかりとはいえない。利他，自己犠牲，奉仕，献身といったイメージから，自然体で気楽に関わるイメージに変化してきており，負担がでてくれば簡単に退出してしまうボランティアの現実も認めざるを得ない。ボランティア行為は楽しくなければ続かないといえるが，本来的な特性を踏まえることなしには，ボランティアとしての貢献ができないといえるし，長続きすることも期待できないといえるであろう。
　組織としては，多様な動機をもつボランティアを募集し，当初問題があったとしても，段々とボランティア本来の魅力に誘引し，好ましい動機を活性化させることが望まれる。非営利組織は人間変革機関である，とドラッカーはいう。活動を通して，ボランティア自身も成長し変革されるのである。
　メイク・ア・ウィッシュは，難病と闘っている子供たちの夢をかなえ

るために設立された国際的ボランティア団体である。1980年アメリカで,「おまわりさんになりたい」という白血病と闘う7才の少年の夢をかなえたのが始まりである。名誉警察官に任命され,職務を立派に果たした少年は,輝く笑顔を残して5日後に亡くなった。

　日本の事務局長をつとめる大野寿子は,その働きをとおして自分自身が変えられたことを告白する。「雄貴くんという,ウルトラマンと一緒に闘いたい男の子がいました。彼は身体の筋肉を動かすことができず,またたきしかできない難病なんです。その彼が,どうやって闘うのだろうと思っていたのですが,彼は目で闘っていました。当日50人くらいのボランティアが応援に行ったのですが,彼の闘っている姿に皆感動しました。社会的に見たら,なんの力もないように見える彼が,たくさんの大人を動かし感動を与えている。そのときハット思いました。主役は雄貴くんなんだということを」。ボランティアの方が,雄貴くんのひたむきな姿をとおし,人生の大切なものに気がつかされていたのである。

　「よくいわれるのは,たった一人の子供のために？ということ。たった一人であるけれども,そこから感動が多くの人に広がり,思いもよらない展開になることもあるんです」。メイク・ア・ウィッシュも,産業社会の病理を癒し,愛や自由の世界にかかわっている事例ということができる[11]。

　ボランティアが活動に参加する手掛かりとしては,次のような機会が考えられる。
　　(1)　誰かからの依頼
　　(2)　以前の参加経験
　　(3)　新聞やテレビインターネットなどメディアからの情報
　　(4)　ボランティア・センターなどの仲介情報機関の斡旋

非営利組織が注目されるにつれて，メディアやセンターの情報が充実してくるであろう。インターネットの活用は年々拡大しているし，それを基盤としたネットワークも拡大している。ボランティア・センターは，企業や行政とも協働しながら全国に設立されており，どの地域の人々も情報にアクセスすることができるようになってきている。NHKやYMCAのような組織も，ボランティアの需要側と供給側との情報を掲示し，マッチング・センターとしての機能を果たそうとしている。非営利組織にとって希少な人的資源である理事会ボランティアの募集と応募のマッチングのために，アメリカではboardnetUSAがインターネットを使ってその機能を果たしている。組織サイドと志望サイドがそれぞれデータベースに登録し，そのマッチングを実現しようとするものである。

　初めは誰にも参加することに対する不安がある。広い情報効果のあるメディアやセンターの機能も期待されるものではあるが，組織としては，現在のボランティアやスタッフからの人的ネットワークを拡げることが効果的である。それによって訪れたボランティアを大切にし，上記の好ましい参加動機に応えながら定着を期待することが王道である。そのためには，組織の日常活動が先ず問われることになる。ボランティアにとって魅力となる誘因が必要である。結局は，「よい組織によいボランティアが集まる」ことになるのである。

　ボランティアは組織にとって，有給スタッフと並んだパートナーである。無給のスタッフである。先に述べた多くの効果を組織にもたらしてくれる。そのよき意図を尊敬し，その働きに対して感謝を表すことが当然である。感謝の方法としてはさまざまなことが例示できる。組織幹部が出席した感謝会を定期的に開催すること，貢献に応じて部門別や個人別に表彰すること，記念品を贈呈すること，ニュースレターなどに「ボランティアのページ」を設けること，誕生日などにカードを送る

こと，ボランティアの家族や職場にも感謝を届けること・・・などがある。

　淀川キリスト教病院は，病院ボランティアの草分けでもある。それは1962年，若い美容師が寝たきりの若い患者さんに，洗髪セットの奉仕をしたことから始まった。その患者さんは生きる望みを熱くし，機能訓練に耐え，ついに歩いて退院するまでに回復したのであった。以来，引き続いてボランティアは拡大し，延べ奉仕時間は50万時間を突破，ボランティアは現在200名を超えている。活動奉仕にとどまらず，クリスマスや折りに触れての病院へのプレゼントが行われ，スタッフに対する教育的インパクトも極めて大きい。病院はボランティア責任者と定期的に会合をもち，ボランティアからの希望も聞いて環境を整えようとしている。年1回，ボランティア総会が院内で開催され，院長からの心からの感謝とともに，長時間奉仕者に対して感謝状と記念品が贈られ，親睦のティーパーティが行われている。

ボランティアの責任と課題

　一方，ボランティアが無償の奉仕であるからといって，仕事ぶりに甘えをはびこらせてはならない。責任あるボランティア活動でなければ逆効果さえ生まれる。自ら約束した業務に対しては，確実に実行することを要請しなければならない。必要に応じて，人間関係にも注意しなければならない。仕事のなかで見聞きしたことを，他に洩らすことがあってはならない。また，本人が希望するからといって，本人に適切でない仕事を提供することがあってはならない。意欲だけでなく，経験や能力も考慮しなければならない。組織の成果に貢献してこそのボランティアである。アマチュアレベルで充分な，あるいはその方が好ましい仕事もある反面，高度な専門知識の発揮が期待されている仕事も存在するのである。

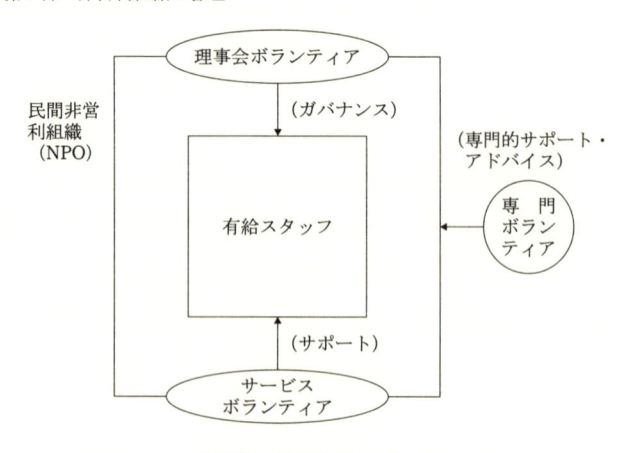

図表21　各種のボランティア
電通総研『NPOとは何か』日本経済新聞社，1996年，47頁。

　ボランティアの責任や成長を確認するためには，ボランティアと組織との最初の出会いが重要である。ボランティア希望者との面談の際，本人の健康状態，貢献できる時間や期間，希望する業務，身につけているスキル，ボランティアとしての希望や目標などが聴取されなければならない。組織側からは，組織のミッション，現状，ボランティアへの期待やルールなどが説明された上で，双方合意の契約や業務分担がなされるべきであろう。ボランティアの義務や守秘事項，経費負担，事故に関する規定，業務内容などが含まれる必要がある。

　ボランティアは経済的誘因で貢献しようとするのではない。非経済的誘因によって貢献しようとするのである。本章第1節で述べた，バーナードによる誘因の方法と説得の方法が活用されなければならない。非営利組織が本来的に提供できる最大のものは，ミッションへの貢献の喜びである。ボランティアに対するコミュニケーションを豊かにし，組織のミッションがどのように成果をあげているのか，そこにボランティアがどのように貢献しているのかを示すことが重要である。それが，ボランティアに対する組織のアカウンタビリティである。

ボランティアは自発性に基づいている。したがって，その自主性を尊重しなければならない。フォレットの主張する「状況の法則」が注目されるべきである。守秘すべき条項を除いて，ボランティアに関わるさまざまな状況が開示共有されることによって，自発性を有するボランティアは，自らなすべきことを，誰の命令でもなく自らの意思で活動に反映させることができるようになるであろう。そこでは，命令の非人格化が実現し，望ましい組織風土も実現できることになる。そのために，ボランティア自体がゆるやかな自主組織をもち，組織の担当者と密接なコミュニケーションをもつことが有効である。できうれば，ボランティアのための部屋が用意され，業務をともにする有給スタッフとのコミュニケーションの機会や人間関係構築の機会も周到に用意されることが望ましい。

　責任あるボランティアは，貢献とともに自らも成長することを望むであろう。それは組織にとっても望ましいことである。ミッションが語られ，議論され，研修のプログラムが自主参加として計画されることも効果的である。前節で示したスタッフ向けの目標管理が実施され，それに基づいて個人の成果の評価が確認され，次なるステップが構築される手順となれば，高度なボランティア管理ということができる。

　田尾雅夫は，前にも触れたように，非営利組織のボランタリーな部分を重視する。田尾は，組織発展のライフ・サイクルを指摘したうえで，ボランタリーに生起した組織は，規模の拡大とともに意思決定や行動への手続きが増え，ボランタリー性が失われていくことの危険に言及している。

　非営利組織は，歴史を重ね，規模が拡大するにつれて有給スタッフの比率が高まる傾向がある。図表で示した①から⑤の方向へシフトする傾向となる。そこではビューロクラシーが介在する可能性が増えてくる。スタッフもボランティアも有給か無給かという差異だけであって，基本

152　第2部　非営利組織の管理

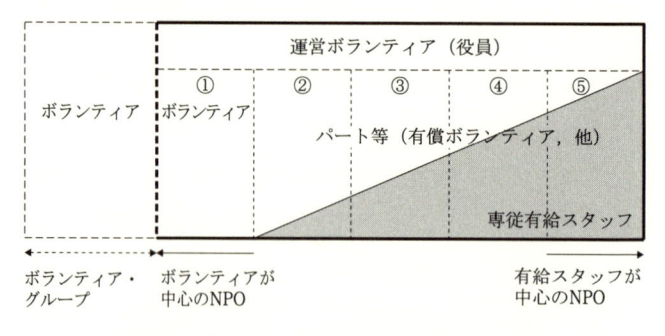

```
┌─────────┬─────────────────────────────────────┐
│         │         運営ボランティア（役員）          │
│ボランティア│ ① │ ② │ ③ │ ④ │ ⑤ │
│         │ボランティア                              │
│         │    パート等（有償ボランティア，他）        │
│         │                          専従有給スタッフ │
└─────────┴─────────────────────────────────────┘
←――――→←―――――――→           ←―――――→
ボランティア・   ボランティアが                有給スタッフが
グループ       中心のNPO                    中心のNPO
```

図表22　ボランティアと有給スタッフから見た類型
岩波書店編集部編『ボランティアへの招待』岩波書店，2001年，90頁。

的にミッションを共有するパートナーとして協働できるかどうかが重要な課題となってくる。

　ボランティアの集まりが，やがて規模の拡大をもたらし，ビューロクラシーが圧倒することになれば，個人の主体的な意図は押さえ込まれ息苦しいものになる危険を孕んでいる。組織としての成果を優先することと，個人の主体性を大切にすることとが必ずしも両立しないことも起こってくる。そのような意味では，非営利組織は矛盾する要因を抱えていることも認識しておかなければならない。田尾は，アソシエーションとしてのボランタリー組織は，様々な困難な環境により，多くは泡のように消えていく運命にあるとし，一方，規模を拡大させた組織はビューロクラシーとの相剋のなかでアソシエーションとしての性格を失う，という前門後門の問題を指摘している[12]。この指摘を克服することが管理の重要な課題である。

　ボランティア個人の側からみても，組織に参加する必然性が誘因として存在する。貢献行為が「私」からの出発であったとしても，集団化，組織化された活動に参加することによって次のような効果を確認することができるであろう。すなわち，

(1) 継続性・安定性の向上——協働が行われることによって，個人的な貢献の空白やムラが吸収され，安定性が得られる
(2) スケール・メリット——規模の拡大によって，分業のメリットや専門性に基づく協働が有効性を高める
(3) バランス感覚の維持——間違うと独善に陥りやすい自主的行為が，組織のなかで揉まれることによってバランスが回復できる
(4) 協働と人間関係の魅力——同じ価値観を共有できる仲間との人間的触れ合いは，ボランティア個人にとって大きな誘因となる
(5) 活動への導入——意思があったとしても，現実に移すことには壁を感じることも多い。価値観を共有できる組織の存在は活動開始の受け皿となる可能性をもつ

などである。組織化が個人の主体的意思と両立していく場面が十分に存在することは明らかである。

　われわれの課題は，ボランタリズムとミッションが息づく非営利組織のマネジメントであり，それが人間と社会を変革していくという成果を達成していくマネジメントである。

　営利組織では，お金を払って人を誘引する。繰り返すことになるが，非営利組織では，負担を要請して人を誘引する。その見返りはボランティアの喜びでなければならない。ボランティアは，お金には変えられない喜びによって貢献しているパートナーであり，無給のスタッフである。その喜びの基軸はミッションへの貢献にある。仲間として扱い，働きに感謝し，責任ある貢献者としての期待をかけ，その強みを引き出して責任を伴った貢献を期待するのである。ミッションを基軸とし，人間の触れ合いのある現場を維持する。ボランティアの活き活きした活動によって組織は活気づけられる。それによって，田尾のいうビューロクラシーへの危険が回避される。

　非営利組織は，人間の自由と社会の調和をつくり上げるという役割を

担っている。上に示した問題を乗り越えることによって，ボランティアによる，経済を超えたミッションへの貢献が，そして，非営利組織のなかでつくり出されるコミュニティが，その役割を具体化する現場となりうるのである。

注
1) *Oxford English Dictionary* によれば，volunteer は，義務としてではなく自発的に軍務に服する義勇兵を指し，さらに本論文で用いている意，すなわち，何らかの能力をもって自発的に奉仕する人，となっている。「自発的」を意味する voluntary は，外部の拘束なく心のうちに生起してくる感情を表す意義をもっている。『広辞苑』では，志願者，奉仕者，自ら進んで社会事業などに無償で参加する人，となっている。
2) 田尾雅夫は，自発性・無償性・利他性を挙げ（『ボランタリー組織の経営管理』前掲書，33頁），入江幸男は，自発性・無償性・公益性を挙げ（「ボランティアの思想」内海成治・入江幸男・水野義之編『ボランティア学を学ぶ人のために』世界思想社，1999年，6-10頁），阿部志郎は，主体性・連帯性・無償性を挙げる（「新しい福祉コミュニティの実現へ」岩波書店編集部編『ボランティアへの招待』岩波書店，2001年38頁）。内容的には重なり合っている部分も多いが，筆者としては本文のように3つを挙げた。
3) 粟野仁雄『瓦礫の中の群像』東京経済，1995年，65-67頁。
4) 『NPO データブック』（山内直人編，有斐閣，1999年）に習い，日本のボランティア活動に関する統計は，総務省「平成13年度社会生活基本調査」（総務省ホームページ，2002年）による「社会的活動」の項目をもって「ボランティア活動」と解釈したものであるが，現実には「社会的活動」の一部に含まれるにすぎず，わが国ボランティア活動の実績はこの統計よりさらに小さいものと推定される。アメリカについては『現代アメリカデータ総覧2000』（アメリカ合衆国商務省センサス局編，鳥居泰彦監訳，東洋書林，2001年）による。ドラッカーも「成人の二人に一人，総数にして9000万人の男女が，非営利組織で「無給のスタッフ」として働き，この『第二の仕事』に週当たり最低でも3時間，平均して5時間を使っている（Drucker, *Managing the Nonprofit Organization, op.cit.*, 前掲訳書，日本語版への序文）」としており，本表の数字と大略一致している。
5) 田尾雅夫『ボランタリー組織の経営管理』前掲書，28頁。田尾は，ボランタリーに人が集まり，集合，集団を経て，非営利な組織に至るという段階を考え，ボランタリーであることが始点で，非営利とは，その結果であるとしている。
6) 佐藤慶幸『生活世界と対話の理論』前掲書，47頁。
7) 入江幸男「ボランティアと公共性」国際ボランティア学会『ボランティア研究』国際ボランティア学会，2000年，51頁。
8) AARP についての記述は，佐々木毅・金泰昌編『中間集団が開く公共性』東京大学出版会，2002年，田中尚輝・安立清史『高齢者 NPO が社会を変える』岩波書店，2000年および AARP ホームページなどに基づいている。
9) 岡本栄一「存在とは」大阪ボランティア協会『ボランティアにおくる14章』大阪ボランティア協会，1989年，70，74頁。
10) Wolf, T., *Managing a Nonprofit Organization*, Prentice Hall Press, 1990, pp.70-71.

11) この事例は,「Development Interview」産業能率大学『Development』1998年12月号,による他,大野事務局長に対する面談聴取に基づいている。
12) 田尾雅夫『ボランタリー組織の経営管理』前掲書,第3章。

第5章

管理責任とその基軸

　21世紀は多元的組織社会である。多様な組織が独自の機能を果たしながら，相互に協力し共存していくことが来るべき社会の構図である。そのなかで，非営利組織は，よき意図だけでなく，それに基づく成果をあげていくことが期待されている。本書第2部では，そのような期待に応えるべく，管理における重要課題を扱ってきた。

　この章では，最終章として，非営利組織の業績評価，ガバナンス，そして管理責任について考察する。非営利組織の評価は回避されやすい。最終決算が財務のような数字的なものではなく，評価の基準が明示しずらく客観的評価が困難であることが大きな原因である。しかし適切な評価がなければ，甘えや自己満足に陥ったり，資源の有効な活用もできないことになる。ミッション達成に関する評価は，代理変数を通した客観評価をすること，多面的な主観評価を加えることなどの工夫で精度あるものをつくりあげていくことが必要である。そして，組織がミッションを達成していくための現実的基盤としての財務評価もなされなければならない。さらに，バランスト・スコアカードのコンセプトを活用して3つの非財務的視点による評価を加え，将来のための基盤を総合的に評価するとともに，ミッション達成に対する代理変数としての評価に寄与することを試

みる。そして，これらの定期的評価が理事者，スタッフのみならず，ボランティア，寄付者，地域社会，関連機関等に示されることによってアカウンタビリティが充足されるのである。

　非営利組織のガバナンスは，理事者，ボランティア，会員など，経済的供与を受けていない構成員がかかわっている。決定，執行，監査が分離され，民主的で開放されたガバナンスが期待できる。経済的利益のためではなくて，自らも共有するミッションに照合してガバナンスがなされることが期待される。そのようなガバナンスのあり方は営利組織に対しても示唆するところが多いと思われる。

　管理とは，協働体系を維持存続させる専門的な機能である。事業展開や人材管理においてもその基本的課題を検討してきたが，人間の活動が活性化されるためには，管理におけるリーダーシップが不可欠である。それは管理者の道徳的側面に依存するところが大きい。非営利組織のリーダーシップは，真理に応答し，愛の原理をもって人間や社会にかかわっていく。バーナードは，高遠な理想に基づく組織道徳の創造こそ，最高の意味でのリーダーシップであるとする。ドラッカーは，人格の高潔性こそ管理者に不可欠なものであるとする。それは，非営利組織の原理であるミッションにかかわっている。

　非営利組織は，21世紀にあって，営利組織や行政組織とも相互に補完し合い，その存在意義を発揮していくことが求められている。それは，人間の真の自由と，調和ある社会実現への貢献である。それが非営利組織のミッションである。その非営利組織の管理の基軸もまたミッションにあることが確認される。非営利組織の管理はミッションベイスト・マネジメントであり，それが実践されることによって組織は成果をあげていく。非営利組織の存在意義とその管理は，ミッションという基軸によって貫かれているのである。

第1節　非営利組織の業績評価

評価の重要性とプロセス

　組織が達成した成果を評価するという課題が残されている。企業の評価と異なり，非営利組織のそれは困難が伴う。しばしば評価が回避される。しかし，非営利組織がよき意図を超えて成果を目指す場合，評価は不可欠なものである。そして，そこから次なる飛翔へと向かうのである。評価と反省に基づき，次なる戦略的計画へと向かい，組織は発展への道筋を整えるのである。改善，新たな知識創造，そしてアカウンタビリティを現実化していくことが非営利組織の評価から導き出されてくる。

　同時に，組織としての評価軸が確立することによって，事業やプロジェクトの途中経過の進捗状況をチェックし，必要な調整や変更を加えるモニタリングが可能となってくる。モニタリング計画との比較の基本的なフローは図表のようであり（この図表は国際開発高等教育機構が提示しているものを筆者が一部修正している），得られた改善策をフィードバックとして組み込みブラッシュアップを図るのである。

　このモニタリングと，実施後の評価を相関させることによって，非営

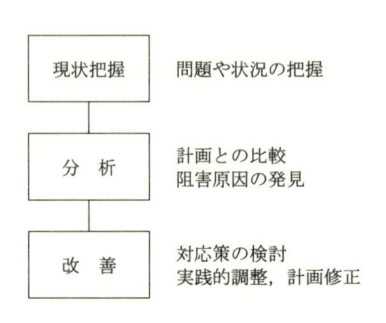

```
現状把握  →  問題や状況の把握

分　析   →  計画との比較
            阻害原因の発見

改　善   →  対応策の検討
            実践的調整，計画修正
```

図表23　基本的なモニタリングのフロー

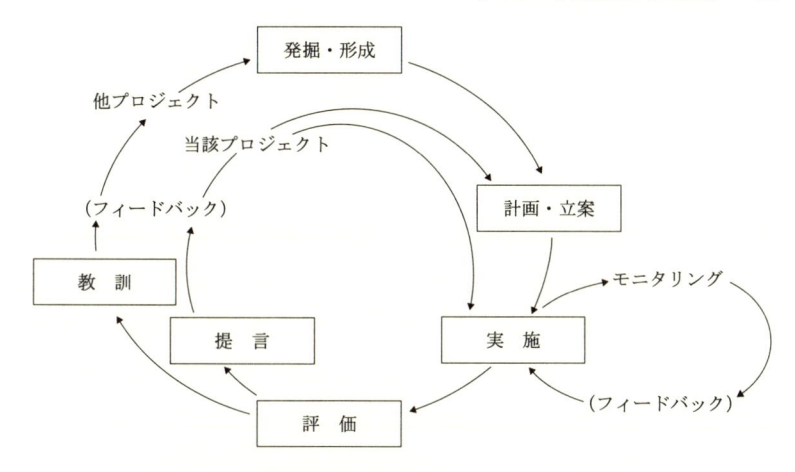

図表24 国際開発高等教育機構のモニタリング・評価フロー
財団法人国際開発高等教育機構『PCM 手法に基づくモニタリング・評価』
同財団，1998年，3頁。

利組織の業績評価が充実してくることになる。図表24は，ODA を含むプロジェクトのモニタリング・評価として開発されたフローを図示したものである。

ミッションに基づく評価

　非営利組織の目的は独自に掲げるミッションの達成であり，利潤ではない。したがって，非営利組織の決算書もまた，ミッションを達成した成果で表現されるべきである。利潤のように数字的なものでないだけに，成果の客観的評価が難しい。それにもかかわらず，適切な決算がなければ，甘えや自己満足に陥ってしまう危険がある。託された資源の有効な活用も不充分となる。クライアントや支援者，広くは社会に対して有効に働いたかどうかという決算は，非営利組織にとって不可欠である。

　とはいえ，財務的決算もおろそかにはできない。支援者から託された資源を効率よく使用したか，続けて活動していくための財務的基盤の健

全性についての判断にかかわる。非営利組織の決算として，一に，ミッションの達成にかかわるもの，二に，財務の状況にかかわるものについて先ず述べる。第3章で示した「ミッション―経済」マトリクスに準じるものとなることに注意したい。

　非営利組織においては，ミッション達成の評価をすることは避けられがちであった。どんな基準で成果を定義したらよいかがわからないし，およそ成果という考え方を無視したり，軽視したりする誘惑にかられやすい。「われわれは，人々の人生がよくなるように仕事をしており，それで充分である」というような考え方である。

　もう一つの誘惑は，「非営利組織の価値は，愛とか自由とかいうように，数字では測れない。質的なものを量的な尺度で測ることは不可能である」という考え方である。

　これらの言い分には，少なくとも幾分かの真理が含まれている。しかし，それにもかかわらず，われわれは非営利組織の成果をできるだけ誰にも納得がいくように表現しなければならない。

　成果の表現は難しいけれどもその必要性がある，という問題を解決する一つの方法は，必ずしも成果そのものではないけれども，それを仮に代表してくれる変数（代理変数あるいは媒介変数）を測定することである。ドラッカー，コトラー，メイソンなどが挙げる例は次のようなものである。

　「社会鍋」で知られる救世軍は，基本的に宗教団体である。しかし，彼らの奉仕のターゲットとなっているアルコール中毒患者が社会復帰できた数字と割合，犯罪経験者が更生できた数字と割合を成果の代理変数として掴んでいる。

　障害者のための生活向上をミッションとする或る団体は，多面的な働きかけによって，その地域の障害者の就業率を測定することによって自己評価するようにしている。

どんな組織でも，その組織が地域でどれほどの知名度があるか，どれほど好意をもたれているか，は測定可能であろう。自らの事業領域において測定するならば，評価と同時にマーケティングの武器ともなる。例えば，クライアントとしての対象領域の30％が自分たちの組織を知っており，そのうちの70％が好意をもっているというような測定である。この場合，認知率を40％に上げ，そのうちの80％に好意をもってもらうという目標を計画することができ，それが次年度の成果として客観的に評価できるものとなる。

このような考え方は，本節最終に提出するバランスト・スコアカードを活用した評価方法にも活かされていく。

現実の評価がどのように行われているか，どのような課題を残しているかを観察してみよう。

非営利組織のための非営利組織，すなわち非営利組織を資金的に助成しようとする「セゾン文化財団」事務局長片山正夫は，助成した資金活用の有効性・効率性評価の難しさと可能性について述べている。プログラム評価では，当初の目的は達成されたか，どんな影響を与えたか，当初の目的は適切であったか，助成金額は適切であったか，などについて，財団スタッフもしくは外部コンサルタント，双方のチームによって評価することになっている。反面，プロジェクトの成功率や効率が高ければ高いほどよいというものでもなく，リスクも多いけれども緊急性や重要性のあるプロジェクトへの取り組みも大切であり，そこに評価の複雑性があるとしている[1]。

テイラーとスマリワラの共同研究によれば，アメリカで調査した91組織が採用している評価方法は，多い方から，①プログラム提供数がどれぐらいであったか，②公認された基準を守ったか，③参加した人の特徴は計画通りであったか，④運営はうまく行われたか，⑤プログラムによ

る成果そのものはどうであったか，⑥参加者満足度はどうであったか，となっている。⑤成果そのものへの評価，⑥参加者満足については，実施率が低位にとどまっているが，本来最も重要な評価であることを指摘している[2]。

このような調査からも，結果よりも投入量で成果測定しようとする危険が見て取れる。どれだけのプログラムやサービスを提供したか，どれだけの費用を使ったかという評価は，ミッションをどれだけ達成したかという成果とは必ずしも相関しない。

アメリカの最も有名な評価団体であるBBBワイズ・ギビング・アライアンス（BBB Wise Giving Alliance）は，1918年に創設されたNCIB（非営利組織情報局）とBBB（より良いビジネスを目指す財団）とが2001年に合併してできた非営利組織である。自らもまた501(C)3に該当する非営利組織であるこの組織は，寄付をしようとする企業や個人が，どこに寄付をすることが有効であるか，自分が寄付を考えている非営利組織の実態はどうかなどについて，ホームページ上や文献で客観的に評価を提供しようとするものである。

評価の基準23項目は明快に決められており，その基準で当該非営利組織を評価し，その結果を明示するとともに，結論として寄付対象として推薦できるか否かを提示している。行政・企業・個人が，評価を専門とする非営利組織の判断を資料として寄付や助成の決定をすることになり，寄付や助成を願う個別非営利組織に与える影響も大きいものがある。評価基準23項目は5つの分野に分類されている[3]。

 (1) アカウンタビリティに関して
   年次報告／完全な年次財務報告／決定の基礎となりうる適切な財務報告／資金募集をしている場合はその明細と募集に要した費用
 (2) 資金の使途に関して

組織目的に関わる直接的活動に用いられている費用が全収入に占める割合の適切性／寄付申請に挙げられた活動への使用割合の適切性／資金募集に要した費用の適切性／資金募集費用と管理費とが全収入に占める割合の適切性／資金使用が寄付者の期待に適っているかどうかの実証／支出に対する適切な管理

(3) 申請と情報資料に関して

資料の正確性・信頼性・明快性／それら事実の実証／資金が用いられるプログラムや活動の記述／文書によらない要請をする場合，要請する者と組織との関係・組織の概要・資金が使われるプログラムや活動の明示／商品・サービス・入場料に関わる場合，組織の概要・閲覧可能な情報資料・この収入が期待される割合

(4) 資金募集の実施に関して

募集を遂行するスタッフ・ボランティア・コンサルタント・契約者や組織の管理（場合によっては資金募集契約や同意書作成）／寄付そのものへの管理／寄付者の要請があれば守秘義務，公表の制限／過度な圧力による活動の禁止

(5) ガバナンスに関して

統治組織の保持／活性化された理事会の存在／有給理事は5分の1以下／取引利害関係ある理事就任の禁止

　上記の評価は明示された客観的基準によって行われているが，その基準は評価される組織の構造や制度，外形に属するものが多くを占めている。働きそのもの，ミッションとその達成度のような重要な内面には深入りしていない。いわば，構造や制度のうえで基準に適っていないものを指摘する一種のネガティブ・リストの性格が強いものである。しかし

ながら，現在のところは欠点があったとしても，働きの内面や改善・革新への活力などの評価が期待されるところとなる。いわば，当該非営利組織の将来へのポジティブ・サイドを組み入れた評価が期待されるのである。

「非営利組織マネジメントのためのピーター・F・ドラッカー財団」は，非営利組織における評価の問題を重要視して，発足当初から自己評価手法を提唱している。実践のなかで改訂を経ているが，その基本は，自らに5つの問い掛けをなすことが骨格となっている。それぞれの質問に答えるためのワークシートが用意されている。この質問に答えることによって，長期的に組織の健全性を評価するとともに，非営利組織のあるべき状態を目指してマネジメントの改善と革新を図っていくことが出来るように設計されている。過去と現在を見つめつつ，重点は将来への取り組みに置かれている。したがって，理事会をはじめ，組織ぐるみでの取り組みが勧められているのである。自己評価のための5つの質問とその内容は次の通りである[4]。

質問1　われわれのミッションは何か？
　現在のミッションを確認し，組織のもつ課題や機会，能力を検討して，ミッションの適切性を問う。ミッションを見直し，改訂する必要があるかどうかを確かめる。組織の基軸としてのミッションに関わる問いから始めるのである。

質問2　われわれの顧客は誰か？
　組織が貢献しようとしている顧客（「第一の顧客」）は誰なのか，対象を明確にし，次にボランティア，資金提供者，委託先等の「支援してくれる顧客」を確認し，それらがどのように変化しているかを問う。

質問3　顧客は何を価値あるものと考えるか？
　質問2で明らかになった顧客の立場で考える姿勢を問うものであ

る。第一の顧客は何を期待しているのか，支援してくれる顧客の動機は何かを考え，組織が顧客から何を学び，どのようにして学ぶのかを考えるのである。

質問4　われわれの成果は何か？

ミッションに基づく成果をどのように定義しているか，現在それに成功しているかを問い，質問3で考えた顧客の価値を満たしているかどうかを問うのである。そして，改善のため，何を強化し，何を放棄すべきかを問うことになる。

質問5　われわれの計画は何か？

ミッションの再確認，ゴールを問い，具体的に決定をしていく。できるだけ簡潔で絞り込まれているかどうかが確かめられなければならない。効果的な計画のために，放棄，集中，イノベーション，リスクへの挑戦，分析が要求されている。

　非営利組織は，人間の自由と社会の調和を達成するという役割を担っている。それは，経済的尺度や数字では測定が困難な要素をもっている。測定できない価値が存在することは避けることができず，むしろ特色でもある。しかし同時に，ミッション達成の成果をできるだけ客観的に表すことの重要性も確認された。非営利組織のそれぞれのミッションを明確にし，その成果を表現できる尺度（ミッション成果そのものでなく，代理変数であったとしても）を設定し，結果を客観的に判断することが必要である。

　客観的判断の方法として，定量的・実証的評価体系であるバランスト・スコアカードの活用が有効である。

非営利組織評価体系としてのバランスト・スコアカード

　1992年，キャプランとノートンによって提唱されたバランスト・スコ

アカードは，企業のための経営評価指標としてスタートした。企業の評価といえば，財務上の利益指標で表すことが伝統的であり，株主価値に視点を置いた評価は今日グローバル・スタンダードとして重要視されているところである。しかしながら，キャプランとノートンは，それが企業の最終目的であることを認めつつも，財務指標は過去の成果を評価するもの（結果指標）であるに過ぎず，将来の業績に確実に関連するドライバーとなるべき非財務指標（先行指標）を評価の対象として多面的に取り上げることを必須のものと考えたのであった。

キャプランとノートンによる業績評価の視点は，図表で示されているように，4つの要素によって構成される。伝統的な視点といえる「財務の視点」を最上位に置き，非財務指標である3つの視点が評価の対象として据えられている。企業における競争優位の源泉は，設備などの有形

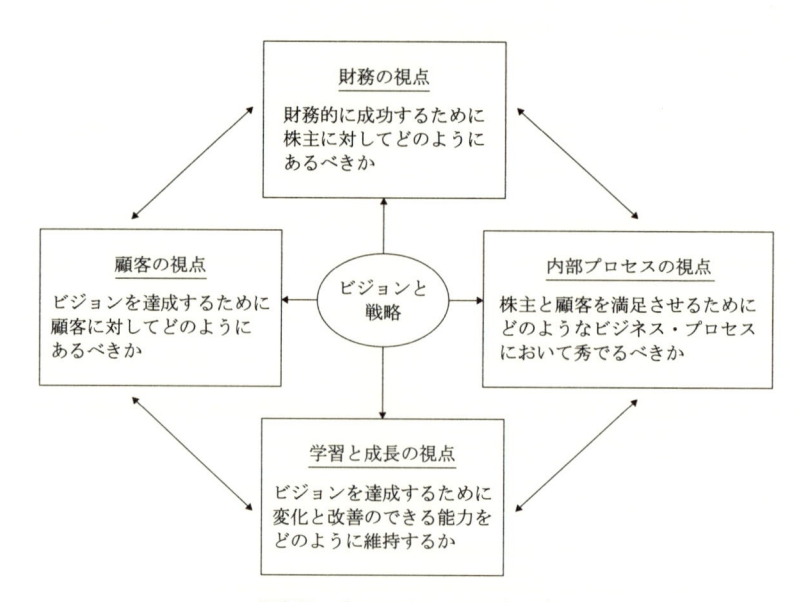

財務の視点
財務的に成功するために株主に対してどのようにあるべきか

顧客の視点
ビジョンを達成するために顧客に対してどのようにあるべきか

ビジョンと戦略

内部プロセスの視点
株主と顧客を満足させるためにどのようなビジネス・プロセスにおいて秀でるべきか

学習と成長の視点
ビジョンを達成するために変化と改善のできる能力をどのように維持するか

図表25　バランスト・スコアカード

Kaplan, S.M. & D.P. Norton, "Using the Balanced Scorecard as a Strategic Management System", *Harvard Business Review*, Jan.-Feb. 1996, Harvard Business School Press, p.76, より筆者作成。

資産よりも無形資産であるブランド価値や人的能力，知的所有権，経営システムなどが重要性を増してきている。これら無形資産の価値を当該企業にとっての「顧客の視点」「社内ビジネスプロセスの視点」「学習と成長の視点」から，予め定量化された尺度によって測定し，現在および将来の財務的成果をあげるためのインフラストラクチャー乃至は先行指標として評価の目を向けようとするのである。

　近来，顧客満足の重視や，人的資産会計，環境会計の必要性が指摘されるに従って，バランスト・スコアカードのコンセプトが企業においても注目されるところである。短期的な結果としての財務指標のみならず，長期的な視野に立った将来性や成長性を重視するという意味で，日本的経営にも馴染む評価方法であり，同時に評価をフィードバックすることによる管理方法として有効なものになりうる。短期的利益と長期的利益のバランス，顧客に対する視点と従業員に対する視点のバランスなど，多面的に評価の目を向けることができるゆえに，安定性のある「バランスト」スコアカードであることが期待されているのである。

　本来，財務評価が最終の決算でない非営利組織において，バランスト・スコアカードを活用することによってその評価に深みを加えることができる。

　キャプランとノートンもその可能性に注目し，非営利組織における実践的事例を提出している。彼らが著書や論文で度々紹介しているデューク小児科病院のバランスト・スコアカードは別表のようなものである。

　この作業が行われる以前は，病院は共有する目的意識に欠け，コミュニケーションが滞り，患者・スタッフともに満足度が低い状態であった。リーダーであるメリノス医師は，バランスト・スコアカードを導入することを決意し，チーム活動方式によって4つの視点から目標値を決定した。それを実現することによって，小児科病院が属する大学病院全

```
┌─────────────────────────────────────────┐
│              ミッション                  │
│  患者，家族，一次診療の医師にできるかぎ  │
│  り最高で最も配慮のあるケアを提供し，    │
│  優れたコミュニケーションを行うこと      │
└─────────────────────────────────────────┘
              ↑                    ↑
┌──────────────────────────┐  ┌──────────────────┐
│          顧 客            │  │     財 務        │
│  患者      一次診療の医師 │  │ ・業務利益率(%)  │
│ ・満足した  ・コミュニケー│  │                  │
│  患者(%)    ションに満足  │  │ ・患者1人あたり  │
│ ・推薦して   した医師(%)  │  │  コスト          │
│  くれる患   ・DCHの医師を │  │ ・新生児ケアから │
│  者(%)     識別できる患者 │  │  の収益          │
│ ・看護プラン  (%)         │  │                  │
│  を明確に                 │  │                  │
│  できる患者(%)            │  │                  │
│ ・適時の退院              │  │                  │
└──────────────────────────┘  └──────────────────┘
              ↑                    ↑
        ┌──────────────────────────────────┐
        │         内部プロセス              │
        │  待ち時間   品質      生産性      │
        │ ・入院    ・感染症の  ・入院期間  │
        │ ・退院     割合      ・再入院率   │
        │          ・血液培養   ・日々のスタ│
        │           組織の汚染率 ッフ配置と │
        │          ・クリティカル 占有ベッド│
        │           パスの利用   数         │
        │           (トップ10)              │
        └──────────────────────────────────┘
              ↑                    ↑
        ┌──────────────────────────────────┐
        │          研究，教育              │
        │ ・成果連動型報酬制度 ・戦略的データベース│
        │   ―意識             ―利用可能性  │
        │   ―実行             ―利用        │
        └──────────────────────────────────┘
```

図表26　デューク小児科病院のバランスト・スコアカード
Kaplan, S.M. & D.P. Norton, *The Strategy-Focused Organization*, Harvard Business School Press, 2001. 櫻井通晴訳『戦略バランスト・スコアカード』東洋経済新報社, 2001年, 199頁。

体の掲げるミッションと融合する成果が得られるはずであった。

　これらが実行に移されたとき，その効果は劇的な改善をもたらしたと報告されている。患者・スタッフともにその満足度が数字的に確かめられたほか，入院期間の25％短縮，コストにおいても25％の削減がもたら

され，業務利益が大幅に改善されたという。バランスト・スコアカードが評価基準であると同時に，マネジメント全般にとって有効なものに昇華しているということができるであろう。

　われわれは先に「ミッション―経済」マトリクスを提示した。これは基本的には，結果指標である。それはそれで重要である。さらに上記したバランスト・スコアカードの評価方法を導入することによって，①ミッションの達成を，「クライアントの視点」を中心とする代理変数によって測定することができる，②先行指標として，組織の将来性や可能性についての判断ができる，③結果をフィードバックすることによって，マネジメント全般の改善や革新に資することができる，④公開することによって，ステークホルダーに対するアカウンタビリティを果たすことになる，などの効果を期待することができる。
　バランスト・スコアカードは，基本的には組織のミッションと戦略を前提として，達成すべき課題と到達すべき目標を複数の視点において設定することである。元来4つの視点が想定されているが，キャプランとノートン自らも示唆するように，組織の状況に応じて増減が可能であり，視点の内容すらも変更することができる。自らの組織に最も適切な視点のもとで，達成すべき課題と目標を定量化された尺度で設定し，それらが達成された暁には組織のミッションが達成されていくという枠組みとするのである。複数の事業がある場合には，各SBU毎にスコアカードが作成され，組織全体での整合性が図られるやり方が望ましい。
　筆者が提出する一般的スコアカードの構成を図表で示す。設定された「クライアントの視点」「業務プロセスの視点」「組織風土と学習の視点」と「財務の視点」が相互関連をもちながら位置づけられ，それらが総合されて「ミッションの達成」が最上位に置かれるのである。新たに加えられている「クライアントの視点」「業務プロセスの視点」「組織風土と

170　第2部　非営利組織の管理

```
                    ┌─────────────────────┐
                    │   ミッションの実現    │
                    │ 4つの視点による客観的評価に, │
                    │ 理事・スタッフによる主観的評価 │
                    │ を加味した総合評価     │
                    └─────────────────────┘
─ ─ ─ ─ ─ ─ ─ ─ ─ ─ ─ ─ ─ ─ ─ ─ ─ ─ ─ ─ ─ ─

  ┌─────────────────┐         ┌─────────────────┐
  │  クライアントの視点 │         │   財務の視点     │
  │ クライアントのニーズや要望 │ ←→ │ ミッションを達成するための │
  │ に対して，どのように応える │   │ 事業を展開する財務的基盤は │
  │ べきか            │         │ どうあるべきか    │
  └─────────────────┘         └─────────────────┘

             ┌─────────────────┐
             │  内部プロセスの視点  │
             │ 目標を達成するために │
             │ どのような業務プロセスに │
             │ おいて秀でるべきか │
             └─────────────────┘

             ┌─────────────────┐
             │ 組織風土と学習の視点 │
             │ ミッションを軸とした風土 │
             │ 形成と学習・成長のために │
             │ どのようにするべきか │
             └─────────────────┘
```

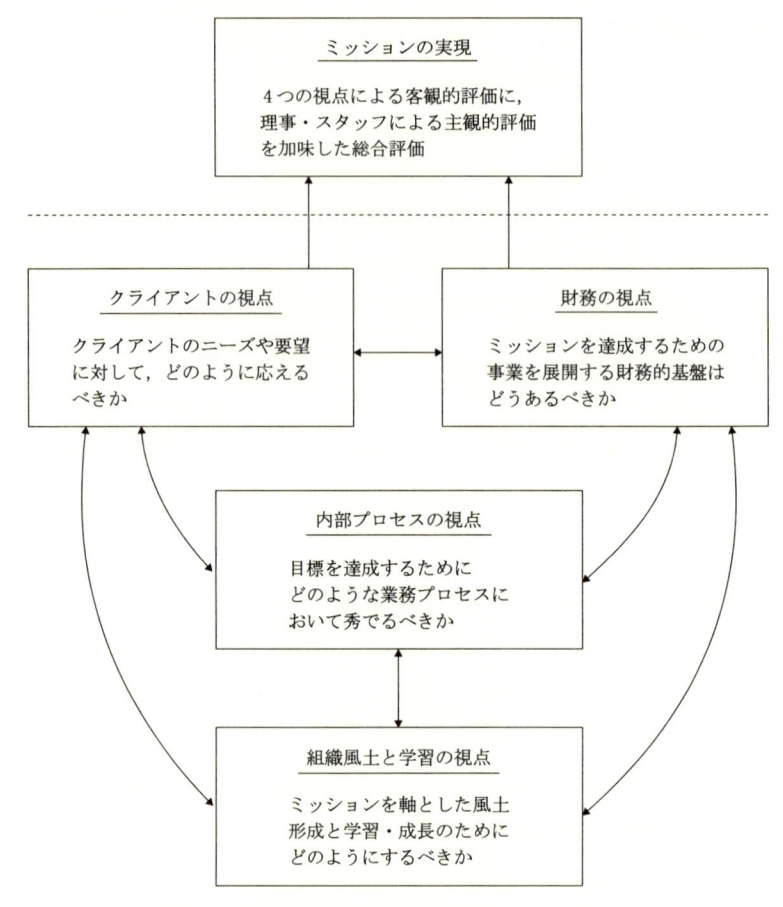

図表27　非営利組織における一般的バランスト・スコアカード

学習の視点」は，いずれも本書第3章および第4章において詳述してきた重要課題と重なり合うものであり，スコアカードとしてバランスをもったものとなることに注意して欲しい。

　各視点における定量化される目標尺度の数は，キャプランやノートンは5～10項目づつ，合計で20～25項目の設定を推奨しているが，現実的にいえば，各視点ごとに2～3づつ，合計で10項目程度に絞る方が緊張感が出るし，課題が時宜に応じてフォーカスされることになると考えら

れる。組織の現実に応じて項目が設定されるべきであるが(場合によっては視点すら独自設定することも考えられる),必ず計測できる評価尺度を定め,事後の評価が客観的なものになるように留意すべきである[5]。

また,導入に際して,参加的方式を採用し,トップの主導のもとにメンバーを巻き込むことによって,コミュニケーションを促進し,ミッションや戦略の確認ができるばかりでなく,課題や目標の認識とその達成への意欲を醸成することが期待できる。このようなレベルになれば,単なる評価用具であることを超えて,マネジメント全般に資するための管理用具となりうるのである。

バランスト・スコアカードは,結果指標のみならず,客観的尺度に基づく先行指標として,ひいては管理用具として用いることができるものであるが,あまりにも客観的尺度にこだわることの危険も無視できない。数字的評価がどれぐらいミッションを代理しているかとの程度にもよるが,バランスト・スコアカードの評価に,関係者の主観的評価(直観的,総合的評価)を加味して,最上位にある「ミッション」達成の最終的評価とするのが適切であろう。

以上,バランスト・スコアカードを活用した評価について詳述してきたが,非営利組織については従来看過されがちであった財務評価について,項を改めてその全体の枠組みを(したがって,バランスト・スコアカードに常時採用するとは限らない基礎的枠組みや評価視点を含めて)略述しておくことにする。

財務的評価

非営利組織においても,財務的評価は欠かすことができない。それは,事業を展開する現実的基盤であり,必要条件である。すでに述べた

ように，非営利組織は経済価値拡大を目指すものではないが，経済に依存するものではある。営利組織のように利潤を拡大して分配しようとするものではないが，余剰を得ようとするものではある。余剰を事業の充実や未来の事業展開のための準備，リスクに対する引当てとしなければ，結局のところ組織は長く存続できない（事業そのものの収支だけを問題にしているのではなく，寄付や助成も含めた余剰を問題にしている）。先に示した「ミッション―経済」マトリクスや「バランスト・スコアカード」でも，財務評価の重要性を明らかにしてきたとおりである。

　財務的評価の方式は，少なくとも法的に設立された法人の場合，会計基準として定められている。民法34条公益法人会計，学校法人会計，医療法人会計，宗教法人会計など，それぞれ特徴をもたせた会計基準に従って報告書を作成しなければならない。現在，会計基準の見直しと統一が進められている。その方向は，企業会計に接近させようとするものである。

　現行では，公益法人の会計基準における計算書類は，①収支計算書，②正味財産増減計算書，③貸借対照表，④財産目録という4つが基本である。これらの計算書類によって組織の財務的現状を把握し，その効率性，安全性，流動性などの視点から組織を観察することができるのである。その詳細を示すことは本論文の趣旨ではないので，ここでは着眼点のごく一部を述べるに止める。

　収支計算書および正味財産計算書を評価する際の着眼点は次のようなものである。

　　(1) 組織の維持発展にとって必要な余剰（正味財産増加）が得られているか。予算通りか。総収入に対する比率はどうか。
　　(2) 過年度からの余剰額や損失額の趨勢はどうか。
　　(3) 収入は予算通りか。収入は成長しているか。

(4) 収入の源泉は適切な割合となっているか。
(5) 費用は予算通りか。
(6) 費用の中で，事業費と管理費との割合は適切か（管理費率が拡大することは原則的には好ましくない）。人件費など主要費用項目の総額や比率は適正か。
(7) 費用（とくに事業費）の推移はどうか（余剰が得られていても，事業の縮小によって費用が抑制された結果であれば必ずしも歓迎できるものではない）。

貸借対照表と財産目録を評価する際の着眼点は次のようなものである。
(1) 資金の調達は安定しているか。借入金の比率は適正な範囲に収まっているか。
(2) 資金繰りは余裕があるか。流動負債への支払資金は充分か。流動資産の内実に懸念はないか。
(3) 資産の部における使用状況に問題はないか。遊休の固定資産はないか。資金運用に問題はないか。
(4) 負債の内容に問題はないか。長期と短期のバランスは適切か。

このようにして，ミッション達成に関する評価と，財務上の評価をなすことによって，結果としての組織の成果と存続基盤を評価することができる。後者は必要条件であり，前者が最終的な評価の帰結となるのである。

これらの結果は，スタッフやボランティア，寄付者にも開示すること（アカウンタビリティ）によって共有される。組織への好意と参加意識を高め，組織が現在必要としているものを示すことができる。そこから自発的行動が期待できる。適切な評価は，過去の成果を示し，現在の状況を明らかにするとともに，組織の基盤を強化することにつながってい

くのである。

注
1) 片山正夫「助成財団のプログラム評価」『公益法人』公益法人協会，Vol.24 No.5-7, 1995年。
2) Martha E.Taylor M.E. & Sumariwalla, R.D., Evaluating Nonprofit Effectiveness: Overcoming the Barriers, Young, D.R. & Associates ed., *Governing, Leading, and Managing Nonprofit Organizations*, Jossey-Bass Publishers, 1992.
3) BBB Wise Giving Alliance ホームページ（2002年）より。
4) Drucker, P.F., *The Drucker Foundation Self-Assessment Tool, revised edition*, The Drucker Foundation for Nonprofit Management and Jossey-Bass Publishers, 1999. 田中弥生監訳『非営利組織の成果重視マネジメント』ダイヤモンド社，2000年。
5) 事例としては，先に掲げたデューク小児科病院を参照されたい。

第2節　非営利組織のガバナンス

ガバナンスに関する規定と事例

　グローバル・スタンダードからの圧力や度重なる企業不祥事の発生などを契機として，企業におけるガバナンスのあり方について論議が高まっている。わが国における企業ガバナンスの問題は，主に株主にとっての利益を優先する視点が支配的であるが，非営利組織においては，ミッションの達成を優先する視点が重要である。当該非営利組織が，ミッションに基づいて経営されているかどうか，正しく成果を達成しているかどうか，そのための意思決定や執行は適切か，などの問いが重要である。

　この節では，わが国非営利組織の代表的存在の一つである日本YMCAの事例を参照しながら，ガバナンスの構造と機能，そしてミッションとの関係を解明することにしたい。

　第1章でも記述したように，わが国の民法上の主な法人には，営利法人，公益法人，中間法人がある。公益法人とされるものには，民法第34条によるもの，別途法定されている社会福祉法人，学校法人，宗教法人

などがあり，1998年3月には特定非営利活動法人の誕生を期する新法が成立した。医療法人，協同組合，労働組合等は，公益法人と営利法人の間にあるものとして，中間法人とされている。

非営利組織ガバナンスに関する民法上の主な規定は次の通りである。

(1) 社団法人においては，最高必須の意思決定機関は社員総会であり，法人の根本原則である定款を作成して準拠する。

(2) 財団法人においては，社員や社員総会はなく，法人の根本原則である寄付行為を作成して準拠する。

(3) いずれの法人も常置必須の管理機関として理事をおかなければならない。理事もしくは理事をもって組織する理事会（代表者は理事長）が，定款，寄付行為，総会の決定のもとに法人の業務の意思決定，執行，代表行為を行う。（宗教法人においては「責任役員（会）」と呼称されている）

(4) 法人の財産や業務を監査する監事を設けることができるが，必須ではない。（学校法人，社会福祉法人，特定非営利活動法人にとっては必須である）

(5) 民法34条公益法人の設立要件に主務官庁の許可が必要とされている。また，業務の監督や検査に服すとされている。

(6) 法人が本来の目的に反し，公益を害する行為があったときなどにおいては，行政による解散命令が可能とされている。

このような法律的根拠を踏まえて日本YMCAの事例を検証してみる[1]。

わが国最初のYMCAは1880年に東京で組織され，1903年公益事業を行う財団法人としての事業体となった。YMCAは，独立した財団法人格を有する34の都市YMCAを擁し，その包括組織として日本YMCA同盟を設立している。その働きは古くから青少年活動を中心に社会的評

価が定着しており，わが国を代表する非営利組織の一つとみることができる。組織の性格は本来社団法人に馴染むものであるが，当初のいきさつから財団法人として許可されており，両者の性格を統合するための組織的配慮がなされている。

　各都市 YMCA は，上述したように独立した法人格を有しているので，それぞれ独自の寄付行為をもち，独自の組織構造をもっているが，基準は日本 YMCA 同盟によって決められている。組織ガバナンスにみられる特徴を列記しておく（図表参照）。

(1) 法律上の最高意思決定機関は理事会にあり，その決定に基づき理事長が法人を代表し，業務を総理する。

(2) 常務理事は，理事長を補佐し経常事業運営の任にあたる。常務理事は，「総主事」と呼称される執行の常勤責任者である。YMCA の永年勤続者からの昇任であることが多く，常務理事として「決定」に参与し，それに基づいて「執行」の責任を担う（図表の A）。

(3) 事業運営，プロジェクト推進，人事，財務などについて専門委員会が設置され，常議員，職員，一般会員が参加して，理事会，常議員会に提案する。

(4) 監事が置かれ，財務と業務の監査を行う。

(5) YMCA は，元来会員運動体としての社団的伝統をもつ。財団法人としての法的存在との統合を図るため，会員総会が常議員を選出し（加えて，地域運営委員長や常議員会自体からの特別推薦者を入れる場合がみられる），常議員会が理事と監事を選出する独自の仕組みとしている。

(6) ミッション重視のため，役員，幹部職員の一定部分にクリスチャン・コードを設けている。

                                    法人格　財団法人

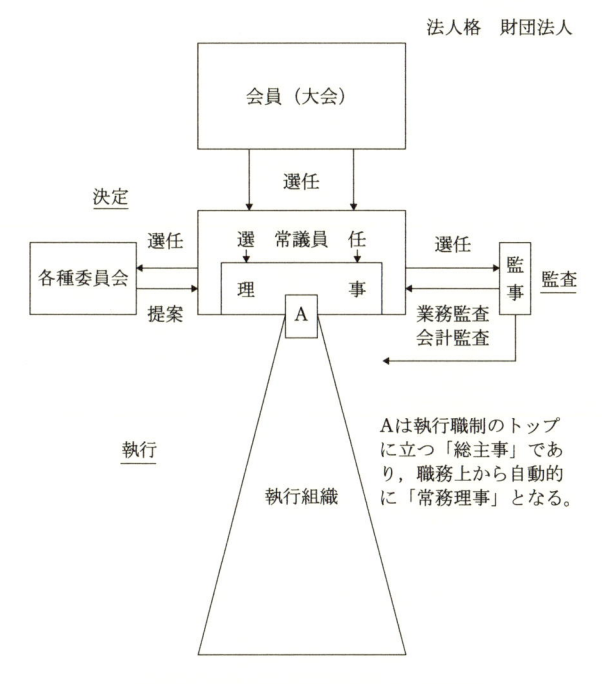

```
                    ┌─────────────┐
                    │  会員（大会） │
                    └──────┬──────┘
                       選任 │
  決定                      ▼
       選任    選　常議員　任      選任         監査
┌─────┐────→┌─────────────┐←────┌─────┐
│各種 │     │選          選│     │監 │
│委員会│    │理          事│     │事 │
└─────┘────│       A      │     └─────┘
       提案  └──────┬──────┘  業務監査
                                会計監査
```

　　　　　　　　　　　　　　　Aは執行職制のトップ
　　　　　　　　　　　　　　　に立つ「総主事」であ
  執行   り，職務上から自動的
                               に「常務理事」となる。
                ／＼
               ／執行＼
              ／組織　＼

図表28　YMCA におけるガバナンスの構造
(都市 YMCA の典型的事例)

　民法によれば，営利法人は「営利ヲ目的トスル社団」であり，公益法人は「営利ヲ目的トセサル」社団または財団である。営利ではなく，公益を目的とするという抽象的表現に止め，具体的な目的は，独自のものを定款や寄付行為に記載することとしている。原理的にいえば，独自的で多様な価値の拡大によって，人間の自由と社会の調和に寄与しようとするのである。

各機関の役割

　ミッションを機能させるための統治上の要は理事会にある。理事会は，非営利組織にとって単なる看板ではない。ミッションを最高の価値として掲げ，それを機能させることが何よりも優先すべき理事会の仕事

である。ミッションの下に執行機関（YMCAの例では総主事以下）と協力し，中期・長期の目標を定め，戦略に関わる。

　学校であれ，青少年活動であれ，現実の非営利組織は市場的競争のなかに組み込まれつつある。例えばYMCAは，予備校の学生を確保するという厳しい競争に直面している。フィットネス・クラブの活動においては，全国にチェーンをもつ営利企業との競争に直面している。非営利組織は，営利組織との厳しい競争のなかで独自のミッションを希薄化させたり，専らクライアントへの迎合主義に陥る危険を常に孕んでいる。自らが対象とするクライアントのニーズを重視することは極めて重要であるが，反面，それに迎合して自らの生命ともいうべきミッションを希薄化させていくのでは，本来の役割を果たすことはできない。第3章で論じたように，ミッションを差別化戦略に反映させ，ミッションのゆえに営利企業に対しても卓越性を発揮していく力強さが非営利組織に要求されている。

　このように高度に機能する機関として期待されている理事会は，企業における取締役会に相当する。取締役会が事実上形骸化しているように，理事会も形式的承認機能に堕する危険性をもっている。非営利組織を巡る環境変化はスピードを早めており，精々月に一度ぐらいの理事会では意思決定が遅れてくる。常勤の最高執行職の裁量権限を拡大する必要に迫られている。情報，専門性において執行職は有利である。変化の激しい環境を敏感に捉え，迅速に対応し，活動に参加する人々の満足を向上させる働きが期待できる。そこで，法的に理事に付与されている権限を執行職に委譲する傾向が生まれる。その場合，理事会はミッションの遵守に軸足を定め，執行職はそれを遂行する機能に軸足を定めることになる。非営利組織では，一般的に理事は非常勤である。したがって，企業の場合と異なり，「決定」と「執行」は分離され易い。理事会，執行機関という異なった機関が，一定の緊張関係を保ちつつ，固有の職務

が分担されチェックされるという望ましいガバナンスの形態に近くなる。理事サイドが陥り易い過度の干渉や無責任な放任，執行機関サイドが陥り易いミッションの軽視が戒められなければならない。

　監事は法人によっては任意の機関であるが，ガバナンスの上からいえば積極的に設置すべきものである。「決定」「執行」「監査」が緊張感を失わず機能することが必要である。非営利組織のミッションは，企業目的たる利潤のように貨幣尺度では測定されない。しばしば抽象的であり主観的である。だからこそ余計に，多くの機関による緊張感を交えたチェックが必要である。価値判断の中心軸はミッションにある。

　非営利組織における理事会は上述したように，法的にもミッションを機能させる上でも重要な位置をもっていることが明らかである。アメリカには非営利組織理事会のためのセンター（National Center for Nonprofit Boards）があって，理事会の責任や理事の責任，その選出における留意点などの研究と実践のサポートを行っている。

役員の選任

　しかしながら，名誉職の理事や天下り理事が理事会の多くを占める場合，ミッションが無視されたり，希薄化したり，社会的問題を引き起こす危険さえ孕んでいる。アメリカ版共同募金というべきユナイテッド・ウェイのスキャンダルが明るみに出た1992年[2]には，その理事会は「夢の理事会」と呼ばれ，IBMやゼロックス始め全米の一流企業のCEOが顔を揃えていた。しかしながら，そのスキャンダル（高額年俸，公私混同などが指摘された）で辞任するまで，ユナイテッド・ウェイをCEOとして22年間牛耳っていたビル・アラモニーの行動をチェックする機能は失われていた。余りにも長いCEOの権力とミッションの希薄化に加え，理事達の名誉職意識，アラモニーとの癒着などが問題であったといわれている[3]。このようなスキャンダルは，ひとりユナイテッド・ウェ

イの社会的評価にとって問題であるだけではなく，広く非営利組織全体のイメージに関わるものである。非営利組織の正当性が社会から疑問視されることに繋がるものである。

　北沢栄はその著『公益法人』において，副題として「隠された官の聖域」を掲げ，わが国公益法人が，天下りを含めた官との癒着や利権の温床になっていることを指摘している。公益法人が「見えない政府」となっていて，そこに公益事業の建前とは裏腹に，事業内容も不透明なまま，行政代行事業を独占して税金による多額の補助金を得たり，民間事業に不当な規制と圧力をかけているとされている。北沢は，『公益法人白書』などによるデータも駆使しながら，特殊法人，トンネル法人，丸抱え法人，幽霊法人などの実態を告発し，実質上，官の一部として官のために機能する公益法人の実態を明らかにしようとしているのである。

　もちろん，北沢の指摘は一面的である。2万6千を数えるわが国公益法人が，すべてそのような官の悪しき現実に染まっているわけではない。それぞれのミッションに従って，人間を変革し社会を変革している多くの公益法人がわが国にも存在している。適切なガバナンスの事例として挙げたYMCAも公益法人に属している。しかしながら，われわれは制度上の非営利組織をすべて善として認めることはできない。北沢が明らかにするように，当初から黒い意図をもって設立された非営利組織も存在する。当初は良き意図で設立されながら，腐ってくる組織もある。人間は弱いものである。惨めなほど弱いものである。その弱さを克服し，人間や社会を変革していくためには，強い信念と能力，そして適切なガバナンスが不可欠となるのである。

　上記のような目を覆うような事例では，理事の選出がひとかたまりの権力者によって行われることが多かった。それによって，事実は不透明なまま隠蔽され，スキャンダラスなことが横行する土壌となっていた。そのような事態を回避するためには，利害関係のないさまざまな立場か

らの理事が民主的に選出されることが必要である。理事候補の経歴や考え方などの情報が開示され，適切な選任の仕組みが必要である。事例に挙げた YMCA では，一定の資格のある会員が常議員を選出し，内部事情のよく判った常議員が理事を選出することになっている。そして，理事，常議員，監事などの非常勤役員は全員無給のボランティアであり，ミッションに貢献することが喜びであるがゆえに，敢えて責任を引き受ける人材が期待されている。

前述したように，非営利組織を取り巻く環境は，変化のスピードや専門性の拡大によって，執行機関の重要性が増してきている。執行機関を統括するトップの選任は組織の命運を決し兼ねない。理事会によるトップの選任と解任は重要な意思決定である。それを怠ることになると，往々にして組織はミッションを希薄化させたり，ユナイテッド・ウェイの例にみられるような社会問題を起こすことにも繋がっていく。

監事の選任の重要性も看過されてはならない。企業の監査機能がうまく働いていないことはつとに指摘されている。非営利組織における監事は，いわば金銭的利害関係から解放されているのであるから，理事に対しても，執行部門に対しても意見の言える人物，しかもミッションへの理解と執着のある人物が必要である。多様な役員の一角を担えるよう民主的な選任が必要であるし，ミッションを求心力とする非営利組織においては，機能する監事を実現できる確率は企業に比し高いと考えられる。

非営利組織の生命はミッションにある。非営利組織を支える理事，スタッフ，ボランティア，会員，監事が絶えずミッションの問い直しを行い，ミッションに照らして参加的に経営されるとき，相互信頼のなかにも緊張関係を維持する機構をもつことによってガバナンスも有効に機能する。また，非営利組織が関係する行政や企業，非営利組織相互のネッ

トワークなど，外部組織との社会的緊張関係などの社会過程としてのチェックも有効に働く場合が期待できるであろう。非営利組織のガバナンスは，その組織の歴史や伝統，環境制約や人材などにより差異も大きい。しかし，上記のような条件に当てはまる組織ほど生き生きと非営利組織本来の活動をなしている，というのがわれわれの参加的観察の結果である。そこでは，企業にはない望ましいガバナンスが実現しているのである。

現実の非営利組織は多くの問題を抱えている。そのなかで，非営利組織のマネジメントを確かめ，ミッションの成果を達成すべくガバナンスを確立していくことによって，産業社会の病理を癒して社会の調和と人間の自由を拡大していくという成果が期待される。

注
1) この事例は，斉藤総衛編『YMCA 管理運営資料』YMCA 同盟出版部，1990.，斉藤総衛・山根誠之『組織活性化へのアプローチ』YMCA 同盟出版部，1990.，日本 YMCA 同盟『日本 YMCA 年鑑』1996.,『日本キリスト教青年会同盟寄付行為』，『同モデル会則』，『大阪キリスト教青年会寄付行為』などの資料に加え，総主事等への面談調査によるものである。
2) *The Washington Post*, 1992.2.16.
3) Glaser, J.S., *The United Way Scandal*, John Wiley & Sons, 1994.

第3節　非営利組織の管理責任

管理責任としてのリーダーシップ

管理とは，協働体系を維持存続させる専門的な機能である。バーナードに従うならば，組織の目的を規定し，実現のための意思決定を行い，伝達のシステムを提供し，貢献意欲を喚起して適切な活動を抽出して調和をもたらし有効性と能率を確保することである。そこには合目的的合理性ばかりでなく，協働体系に参加する個人の人格特性への価値的配慮が包含されている。全体性と個人との調和が予定されている。

われわれは，管理の基本問題として第3章，第4章において課題を検討してきた。しかし同時に，それらの活動が鼓舞され，人間の努力が活性化されるためには，管理におけるリーダーシップが不可欠である。それは，エンジンにおけるプラグのようなものである。プラグによって圧縮ガスに点火され，エンジンは強力なエネルギーを発生させることができる。

　リーダーシップには2つの側面がある。一つは能力的な側面であって，体力，技術，知識，構想力など，リーダー個人の客観的資質にかかわっている。業務遂行にかかわる合理的側面を担うものである。第二には，バーナードが道徳的側面と呼ぶものであって，精神力，理想，創造力など，価値的側面にかかわるものである。

　リーダーシップにおけるこの2つの側面は，相乗作用をもちつつ集団における影響力を発揮することが行動科学研究によって明らかにされている。三隅二不二は，第一の側面をP（Performance），第二の側面をM（Maintenance）とし，両側面が優れているリーダーシップをPM型として評価し，両側面とも劣っているリーダーシップをpm型として，最も低い影響力しか発揮できないものであることを多くの実験によって検証した[1]。リーダーシップは，管理者による個性や気質などとは必ずしも相関しないことが知られている。社交的な人もいれば，そうでもない優れたリーダーもいる。衝動的に行動する人もいれば，石橋を叩く慎重な人もいる。カリスマ性に富んでいるということもいえるわけではない。リーダーシップに関する知見は多くの共通点をもっている。それらの知見――この中には，ドラッカー，ティード，リッカート，ベニスによるものが含まれている――を参照しながら，優れたリーダーの共通点を挙げておく。

　第一に，自分の価値観を確立しており，それが組織のミッションと関係づけられていることである。そのことによって，管理者自身の個人人

格と組織人格とが整合し，メンバーに一貫性を感じさせることになる。第二に，仕事の質や成果に対する関心が強く，結果を出すことに厳しい視点をもっていることである。言い換えれば，メンバーからの人気が優れたリーダーであるための尺度ではないことを認識し，地位や権利ではなくミッションへの責任が優先しているのである。第三に，人間への関心が強いことである。メンバーの多様性を受け入れ，その自立性や強みを引き出して生産的にすることはもちろん，その働きを通して自己実現が可能になるような環境を整えようとする。それは，組織の成果にとって決定的に重要であるだけではなく，個人にとっても重要な価値を達成させようとするのである。第四に，社会との関係意識が強いことである。組織は社会のなかで仕事をしているという事実，人間と社会を媒介するものとしての組織の責任を認識していることである。第五に，自分自身に対して厳しい点検を行い，自分にしかできないこと，重要なこと，模範となることについては自らが実践するということである。そして，権限を委譲しても，責任は自らが負うという姿勢である。

　これらのうち，能力的な要素，合理的側面については，別の章で論述してきた。以下では，人間の能動性を鼓舞し，積極的活動に向かわせる価値的側面について述べることにしよう。

　バーナードは，管理責任として，人々の理想や希望を反映しつつ，道徳的抱負の高さと道徳的基盤の広さを築くことの重要性を指摘する。それは，「協働目的に共通な意味を与え，他の諸誘因を効果的ならしめる誘因を創造し，変化する環境のなかで，無数の意思決定の側面に一貫性を与え，協働に必要な強い凝集力を生み出す個人的確信を吹き込む[2]」ことになる。

　非営利組織のリーダーシップは，真理に応答し，愛の原理をもって人間や社会に応答することに深くかかわる。それはしばしば，サーバント・リーダーシップと呼ばれる。もともと聖書におけるイエスの教えに

起源をもつ。誰が偉いかと言い争う弟子たちに対して，イエスは「あなたがたの中で偉くなりたい者は，皆に仕える者になり，いちばん上になりたい者は，すべての人の僕になりなさい[3)]」と説き，自らそのようなリーダーであることを実行したと聖書は伝えている。それは，愛の原理に基づく逆説である。しかし，その逆説は，現実的にも大きな影響力をもつリーダーシップの本質であることを多くの研究者や実践家が明らかにしている。

　ティードは，人に影響を与える源は，リーダーの情熱や愛情にあることを主張する。人々は，自分のためを考えてくれる人と一体感をもち，共に同じ方向に進もうとするのである[4)]。アメリカの大手家具製造ハーマン・ミラー社の CEO として成功したドゥプリーは，人間に対する管理者の責任に触れ，部下に喜びを与えることがリーダーシップの基本的な要素であり，リーダーがサーバントの心で信頼関係をつくりあげることの重要性を指摘している[5)]。それは人々に感動を与え，喜びを与えるものである。

　ドゥプリーを有能で人格ある経営者として推奨するドラッカーは，管理者に不可欠な特性を高潔性（integrity）とし，それに欠けるリーダーだけは選んではならないと強調している。

　バーナードは，組織道徳の創造こそ，最高の意味でのリーダーシップであり，管理責任の最高のテストであるとする。責任が関係する道徳性が低ければ，組織は短命に終わり，道徳性が高ければ，組織は存続していく。すなわち，予見，長期目的に加え，高遠な理想こそ協働が持続する基盤であるとしている。そして，バーナードは「管理責任の性質」を格調ある言葉で締めくくる。「かように，協働する人々の間では，目に見えるものが，目に見えないものによって動かされる。無から，人々の目的を形成する精神が生ずるのである[6)]」と。

営利組織へのインパクト

われわれは，第2部を通して，非営利組織がミッションベイスト・マネジメントによって成果を達成し，人間や社会を変革し，自由への道を開くことを述べてきた。それは，21世紀においても大きな影響力をもち続けるであろう営利セクターに対しても，いくつかのインパクトを与えることが予想される。

第一には，非営利組織が基軸とするミッションの存在である。ドラッカーは，企業の目的は利潤ではなく，顧客の創造であるとした。各企業がそれぞれ独自の目的をもち，それに従って社会に有用な財やサービスを提供することであるとした。利潤はその貢献を表す尺度であり，未来のリスクや費用をカバーするというのであった。しかし現実には，企業は，尺度であるべき利潤を目的そのものとしてしまった。そこに20世紀社会の病理が生じたことは，第1部で明らかにしたところである。非営利組織の目的は，まさに独自のミッションを達成するところにある。企業もまた，経済を通して社会に貢献するという原点に戻ることが望まれる。

第二には，非営利組織は，効果的なガバナンスのモデルを提示することができる。企業においても，商法は，決定・執行・監査の三権を分立させ，それぞれに緊張関係をもたせようとしている。しかし現実には，周知のように，企業の全権は，会長あるいは社長のような単独の権力者に集中している。非営利組織においては，理事，幹部職員，監事などに権限を分散し，相互信頼の中にも緊張関係を維持する機構が期待できる。いわば，望ましい組織ガバナンスが非営利組織から学べるはずである。

第三には，多くのステークホルダー（関係者）へのかかわりやアカウンタビリティのあり方に関するものである。非営利組織は，マーケティングにおいては受益者と寄付者，人材においては職員とボランティアと

いう二重性をもっていることを述べた。更に，理事，評議員，監事，行政，地域など多様なかかわりのなかで，それぞれに配慮しバランスをもった運営をすることが常である。企業といえば，株主のため，従業員のため，会社組織そのもののためという視点に集中していることが多い。ストックホルダー・アプローチ（株主重視）からステークホルダー・アプローチ（関係者重視）へと変革の必要性が説かれる企業にとって，非営利組織のアプローチから学べるものが多い。

　第四には，人材の管理である。先進といわれる国では，いわゆるホワイト・カラーでも，集団に馴染んで定型的な仕事をしていくことが多かった（日本では特に顕著であった）。しかし，改良よりは革新が求められ能力主義が広く採用される今日，主体性をもったホワイト・カラーは，知識労働者として自分の能力とキャリアを重視するようになり，組織はそれを実現する機会として考えるようになってくる。そのような主体性と能力をもった知識労働者を，組織の中で喜んで働けるようにどう処遇することができるかは，これからのマネジメントにとって大きな課題である。非営利組織の職員・ボランティアは，多かれ少なかれ組織の掲げるミッションに共鳴して参加しており，総じて主体的である。そのような人材は，経済や地位権力だけでは魅きつけることはできない。バーナードのいう多様な誘因による処遇は，これからの企業の必要に先駆したものがある。

　第五には，コミュニティの形成である。人間には，合理的な関係だけではなく，どうしても心の絆が必要である。地域や家庭というコミュニティーが崩壊したり，希薄になっていく今日，非営利組織に参加することによって人間関係の絆を回復し，コミュニティをつくり出す働きに注目しなければならない。それは，人間が真の自己を求め，愛の原理による応答責任を果たし，自由を実現する現場である。非営利組織は，そのような場を提供し，社会での新しい靱帯をつくり出している。企業が合

理一色に傾き，それがグローバル・スタンダードとして世界に普遍しようとしていることに対し，組織は合理的であると同時に，共同的であるべしとする非営利組織からの警告は無視してはならないものを含んでいる。

　非営利組織は，営利組織，行政とも相互に補完し合い，21世紀にあって，その存在意義を発揮していくことが求められている。人間としての尊厳を回復し，真の自由を可能にすることへの貢献，経済・政治・文化・共同の4要因が調和した社会を実現することへの貢献が求められている。そのためには，ミッションを自らの基軸とし，それに基づく管理を実践することによって成果を達成することが必要である。われわれは，その事実と可能性を理論的に明らかにしようとしたのである。

注
1) 三隅二不二『リーダーシップ行動の科学』有斐閣，1978年。
2) Barnard, C.I., *The Functions of the Executive*, op.cit., p.284. 前掲訳書，296頁。
3) 聖書「マルコによる福音書」10章 43-44節（日本聖書協会，新共同訳）。
4) Tead, O., *The Art of Leadership*, McGraw-Hill, 1935. 土田哲訳『リーダーシップ』創元社，1970年。
5) DePree, M., *Leadership is an Art*, Doubleday, 1989. 村田昭治監訳『リーダーシップは君子のように』経済界，1990年。
6) Barnard, C.I., *The Functions of the Executive*, op.cit., p.284. 前掲訳書，297頁。

あとがき

　筆者は大学卒業以来20数年間，実務者として営利企業で過ごしてきた。子細に論理を積み上げて漏れのない営みをするというよりは，重要で本質的な流れを掴み，それをわかりやすく明快に表現することを得手としてきた。しかし，本書は学位論文を基礎とする研究書である。論理と根拠の詳細な手続きが要求されている。わが国においてはこの分野の文献が少ないため，先行研究としての外国文献に多くを依存することになる。筆者の語学力では英語と日本語では読書スピードに相当な差があるため，重要文献は別として，和訳のあるものは先ずそれに頼ることになる。その場合でも，引用などをする場合には，原書にあたって出所を明らかにする必要があるから，それだけでも大変な時間を要することになる。龍谷大学図書館，関西学院大学図書館には随分お世話になった。蛍光灯の灯った図書館通路に座り込み，変色した原書を見つけて確認したりコピーをするという研究者としては当然の仕事を丹念に行うことになった。図書館に所蔵されていない原書は，検索システム NACSIS Webcat の力を借りて所蔵大学図書館を調べて取り寄せてもらうというお世話をいただいた。

　思えば1990年，バブルが燃え盛っていた折，20数年お世話になったクラレを退社し，独立してコンサルタント業を営むという，私にとっては大きな転進を試みたのであった。折からバブルの最中で，何をやってもうまく行くであろうという，楽観的な見通しが決心の背中を押してくれ

たのかもしれない。会社生活は水にあっていたし，営業という必ず数字で答えの出る仕事は，ある種の緊張感と面白さをもたらしてくれてもいた。しかし，もう少し自分の時間が欲しい，もう少し勉強を自由にしてみたい，そしてその成果を人に伝えることが仕事になれば嬉しいという，一回だけの人生に賭けた自分なりの思いであった。ハンナ・アーレントの言葉を借りるならば，「労働」や「仕事」と区別された「活動」への思いを募らせたといってもいいかもしれない。

　独立2〜3年は経済的基盤を確保することが焦眉の問題であった。クラレ時代の上司や仲間，取引先，友人や知己などの支援をいただいて，段々と軌道に乗ってくるとともに，軸足を研究の方に移していくことができた。営業部長の時代に処女作『日本的経営の再出発』を上梓したり，学会発表をしたりしてはいたが，研究者としては駆け出しであった。声をかけていただき大学で教鞭をとる機会が与えられ，学会への出席，海外出張，特にドラッカー博士との交わりなどの機会が刺激となり，研鑽への意欲が搔き立てられた。

　私の関心はもともと，「社会とは何か」「人間とは何か」という問いに答えつつ研究を進めることにあった。自ずと関心は，企業倫理や非営利組織の経営管理に向かうことになっていった。非営利組織の存在は21世紀に重要な役割を担っているという認識，自分が学生時代からその実践に関わって参加的観察をしてきたという事実，わが国では研究者が少ないので貢献の機会も大きいという事実，などから非営利組織研究，特に自分の専門分野として，その成果を支援する経営管理論に向かっていったのである。その研究はまた，営利組織における経営管理を研究するうえでも資するところがあり，相互に刺激を与えうる研究になると思われた。

　1999年『非営利組織のマネジメント』を東洋経済新報社から上梓し，主に第一線の非営利組織実務者を読者として版を重ねることができ，さ

らに学位論文のテーマとして非営利組織研究を選び，それに加筆して研究書としての本書に繋がっていったのである。市場の失敗，政府の失敗に止まらず，非営利組織の失敗もまた顕在化するであろう。それにもかかわらず，非営利組織の存在の座標をしっかりと認識し，ミッションに貫かれた経営管理によって輝く成果を実現し，21世紀社会の地平を開いていくことを切望しつつ本書を世に送るものである。

　筆者は，いわば遅れて来た研究者である。関心の深い領域が多く残されている。還暦を過ぎてはいるが，可能なかぎり研鑽を重ね，ライフワークとしてこの研究を続けるとともに，その成果を通して，社会を変え人間を変えようと努力している実務の方々にも貢献できることを願っている。

参考文献（アルファベット順）

アーサーアンダーセン『ミッションマネジメント』生産性出版，1997年。
浅井慶三郎『サービスとマーケティング』同文舘，2000年。
粟野仁雄『瓦礫の中の群像』東京経済，1995年。
Andringa, R.C. & T.W. Engstrom, *Nonprofit Board Answer Book*, National Center for Nonprofit Boards, 1997.
Barnard, C.I., *The Functions of the Executive*, Harvard University Press, 1938. 山本安次郎・田杉競・飯野春樹訳『経営者の役割』ダイヤモンド社，1968年。
Baudrillard J., *La Societe de Consommation*, Gallimard, 1970. 今村仁司・塚原史訳『消費社会の神話と構造』紀伊国屋書店，1979年。
Bell, D., *The Cultural Contradictions of Capitalism*, Basic Books, 1976. 林雄二郎訳『資本主義の文化的矛盾』講談社，1976年。
Bellah R.N., Madsen, Sullivan, Swidler and Tipton, *Habits of the Heart*, Univ. of California Press, 1985. 島薗進・中村圭志訳『心の習慣』みすず書房，1991年。
Brinkerhoff, P. C., *Mission-Based Marketing*, Wiley, 1997.
Bryson, J.M., *Strategic Planning for Public and Nonprofit Organizations*, Jossey-Bass Publishers, 1988.
Buber, M., Ich und Du, 1923. 野口啓祐訳『孤独と愛』創文社，1958年。
Carson, R., *The Silent Spring*, Houghton Mifflin, 1962. 青樹梁一訳『沈黙の春』新潮社，1974年。
Carver, J., *Boards That Make a Difference*, 2nd ed., Jossey-Bass Publishers, 1997.
千葉真『ラディカル・デモクラシーの地平』新評論，1995年。
電通総研編著『NPOとは何か』日本経済新聞社，1996年。
DePree, M., *Leadership is an Art*, Doubleday, 1989. 村田昭治監訳『リーダーシップは君子のように』経済界，1990年。
土居健郎『「甘え」の構造』弘文堂，1971年。
Drucker, P.F., *The End of Economic Man*, John Day, 1939. 岩根忠訳『経済人の終わり』東洋経済新報社，1963年。
Drucker, P.F., *The Future of Industrial Man*, John Day, 1942. 岩根忠訳『産業にたずさわる人の未来』東洋経済新報社，1964年，田代義範訳『産業人の未来』未来社，1965年，上田惇生訳『産業人の未来』ダイヤモンド社，1998年。
Drucker, P.F., *Concept of the Corporation*, John Day, 1946. 下川浩一訳『現代大企業

論』未来社, 1966年。
Drucker, P.F., *The New Society*, Harper & Row, 1950. 現代経営研究会訳『新しい社会と新しい経営』ダイヤモンド社, 1957年。
Drucker, P.F., *The Practice of Management*, Harper & Row, 1954. 野田一夫監修・現代経営研究会訳『現代の経営』ダイヤモンド社, 1965年。
Drucker, P.F., *The Landmarks of Tomorrow*, Harper and Row, 1959. 現代経営研究会訳『変貌する産業社会』ダイヤモンド社, 1960年。
Drucker, P.F., *Managing for Results*, Harper & Row, 1964. 野田一夫・村上恒夫訳『創造する経営者』ダイヤモンド社, 1964年。
Drucker, P.F., *The Effective Executive*, Harper & Row, 1965. 野田一夫・川村欣也訳『経営者の条件』ダイヤモンド社, 1966年。
Drucker, P.F., *The Age of Discontinuity*, Harper & Row, 1969. 林雄二郎訳『断絶の時代』ダイヤモンド社, 1969年。
Drucker, P.F., *Management*, Harper and Row, 1974. 野田一夫・村上恒夫訳『マネジメント』ダイヤモンド社, 1974年。
Drucker, P.F., *Innovation and Entrepreneurship*, Harper & Row, 1985. 小林宏治監訳『イノベーションと企業家精神』ダイヤモンド社, 1985年。
Drucker, P.F., *Managing the Nonprofit Organization*, Harper Collins, 1990. 上田惇生・田代正美訳『非営利組織の経営』ダイヤモンド社, 1991年。
Drucker, P.F., *The Drucker Foundation Self-Assessment Tool, revised edition*, The Peter Drucker Foundation for Nonprofit Management and Jossey-Bass Publishers, 1999. 田中弥生監訳『非営利組織の成果重視マネジメント』ダイヤモンド社, 2000年。
Drucker, P.F., *The Ecological Vision - Reflections on the American Condition -*, Transaction Publishers, 1993. 上田惇生他訳『すでに起こった未来』ダイヤモンド社, 1994年。
Drucker, P.F., *Managing in the Next Society*, ST. Martin's Press, 2002. 上田惇生訳『ネクスト・ソサエティ』ダイヤモンド社, 2002年。
The Drucker Foundation, *The Community of the Future*, Jossey-Bass Publishers, 1998. 加納明弘訳『未来社会への変革』フォレスト出版, 1999年。
Ellis, S.J., *From the Top Down*, Energize Inc., 1996. 筒井のり子・妻鹿ふみ子・守本友美訳『なぜボランティアか?』海象社, 2001年。
Engstrom, T.W. and E.R. Dayton, *The Art of Management for Christian Leaders*, Word, 1976.
Fayol, H., *Administration industrielle et generale*, 1916. 山本安次郎訳『産業ならびに一般の管理』ダイヤモンド社, 1985年。
Fitzpatrick, J.L., *The Board's Role in Public Relations and Communications*, National Center for Nonprofit Boards, 1993.
Follett, M.P., *Freedom & Co-ordination*, L.H. Urwick ed. 1949. 斉藤守生訳『フォレット経営管理の基礎』ダイヤモンド社, 1963年。
Fromm, E., *Escape from Freedom*, 1941. 日高六郎訳『自由からの逃走』東京創元社, 1951年。
Fukuyama, F., *The End of History: an essay on modern Hegelianism*, University of Toronto Press, 1984. 渡部昇一訳『歴史の終わり』三笠書房, 1992年。

Galbraith, J.K., *The Affuluent Society*, Houghton Mifflin, 1984. 鈴木哲太郎訳『ゆたかな社会』岩波書店，1990年．

Gelatt, J.P., *Managing Nonprofit Organizations in the 21st Century*, The Oryx Press, 1992.

Glaser, J.S., *The United Way Scandal*, John Wiley & Sons, 1994.

Grace, K.S., *Beyond Fund Raising: New Strategies for Nonprofit Innovation and Investment*, John Wiley, 1997.

George, G.W., *Fearless Fund-Raising*, National Center for Nonprofit Boards, 1996.

Hammack, D.C. & D.R. Young eds., *Nonprofit Organizations in a Market Economy*, Jossey-Bass Publishers, 1993.

Hansman, H., Economic Theories of Nonprofit Enterprise, Powell, W.W. ed., *The Nonprofit Sector: A Research Handbook*, Yale University Press, 1987.

Harvard Business School ed., *Harvard Business Review on Nonprofits*, Harvard Business School Press, 1999.

林知己夫・入山映『公益法人の実像』ダイヤモンド社，1997年．

Herman, R.D. & R.D. Hcimovics, *Executive Leadership in Nonprofit Organizations*, Jossey-Bass Inc., 1991. 堀田和宏・吉田忠彦訳『非営利組織の経営者リーダーシップ』森山書店，1998年．

Herzberg, F., *Work and the Nature of Man*, 1966. 北野利信訳『仕事と人間性』東洋経済新報社，1968年．

広井良典『定常型社会』岩波書店，2001年．

本間正明編著『フィランソロピーの社会経済学』東洋経済新報社，1993年．

飯野春樹『バーナード研究』文眞堂，1968年．

石崎忠司他編著『政府・非営利企業会計』創成社，1995年．

Ingram, R.T., *Ten Basic Responsibilities of Nonprofit Boards*, National Center for Nonprofit Boards, 1996.

岩波書店編集部編『ボランティアへの招待』岩波書店，2001年．

James, E. & S. Rose-Akerman, *The Nonprofit Enterprise in Market Economies*, Harwood Academic Publishers, 1986. 田中敬文訳『非営利団体の経済分析』多賀出版，1993年．

金子郁容『ボランティア』岩波書店，1992年．

Kaplan, S.M. & D.P. Norton, *The Strategy-Focused Organization*, Harvard Business School Press, 2001. 櫻井通晴訳『戦略バランスト・スコアカード』東洋経済新報社，2001年．

Kappel, F.R., *Vitality in a Business Enterprise*, MacGrow-Hill, 1960. 富賀見博訳『企業成長の哲学』ダイヤモンド社，1962年．

柏木哲夫『死を看取る医学』日本放送出版協会，1997年．

片岡信之『現代企業の所有と経営』白桃書房，1992年．

河口弘雄『NPOの実践経営学』同友館，2001年．

Kennedy, L.W., *Quality Management in the Nonprofit World*, Jossey-Bass Publishers, 1991.

北沢栄『公益法人』岩波書店，2001年．

小島廣光『非営利組織の経営』北海道大学図書刊行会，1998年．

国際開発高等教育機構『PCM手法に基づくモニタリング・評価』国際開発高等教育機構，

1998年。

Kornhauser, W., *The Politics of Mass Society*, Free Press, 1959. 辻村明訳『大衆社会の政治』東京創元社, 1961年。

Koteen, J., *Strategic Management in Public and Nonprofit Organizations*, 2nd ed., Praeger, 1997.

Kotler, P., *Marketing for Nonprofit Organizations*, 2nd ed., Prentice Hall, 1982. 井関利明監訳『非営利組織のマーケティング』第一法規, 1991年。

Kotler, P. & E.L. Roberto, *Social Marketing*, The Free Press, 1989. 井関利明訳『ソーシャル・マーケティング』ダイヤモンド社, 1995年。

河野大機『ドラッカー経営論の体系化（下）』三嶺書房, 1995年。

Lovell, C.H., *Breaking the Cycle of Poverty*, Kumarian Press, 1992. 久木田由貴子・純訳『マネジメント・開発・NGO』新評論, 2001年。

Leet, R., *Marketing for Mission*, National Center for Nonprofit Boards, 1998.

Levitt, T., *Innovation in Marketing*, MacGrow-Hill, 1962. 土岐坤訳『マーケティングの革新』ダイヤモンド社, 1983年。

Likert, R., *The Human Organizations*, MacGrow-Hill, 1967. 三隅二不二訳『組織の行動科学』ダイヤモンド社, 1968年。

Likert, R. & J.G. Likert, *New Ways of Managing Conflict*, MacGrow-Hill, 1976.

Lipnack, J. & J. Stamps, *Networking*, Ron Bernstein, 1982. 社会開発統計研究所訳『ネットワーキング』プレジデント社, 1984年。

Lovelock, C.H. & C.B. Weinberg, *Public & Nonprofit Marketing* 2nd ed., Scientific Press, 1989. 渡辺好章・梅沢昌太郎監訳『公共・非営利組織のマーケティング』白桃書房, 1991年。

Luther, Martinus, *Von der Freyhayt aines Christen*, 1520. 石原謙訳『キリスト者の自由・聖書への序言』岩波書店, 1955年, 徳善義和『キリスト者の自由』新地書房, 1985年。

MacCarthy E. Jerome & W.D. Perreault, *Basic Marketing* 12th ed. Irwin, 1996.

Mason, D.E., *Voluntary Nonprofit Enterprise Management*, Plenum Press, 1984.

三戸公『自由と必然』文眞堂, 1979年。

三戸公『随伴的結果』文眞堂, 1994年。

三戸公『管理とは何か』文眞堂, 2002年。

深山明・海道ノブチカ編著『経営学の歴史』中央経済社, 2001年。

村上陽一郎『近代科学と聖俗革命』新曜社, 1976年。

村田晴夫『管理の哲学』文眞堂, 1984年。

村田晴夫『情報とシステムの哲学』文眞堂, 1990年

村田昭治『マーケティング』プレジデント社, 1980年。

野尻武敏『第三の道』晃洋書房, 1997年。

大平健『豊かさの精神病理』岩波書店, 1990年。

Ortega J., *La Rebelion de la Masas*, Revista de Occidente, 1930. 桑名一博訳『大衆の反逆』白水社, 1991年。

Osborne, S.P. ed., *Managing in the Voluntary Sector*, International Thomson Publishing, 1997. A.H. ニノミヤ監訳『NPOマネージメント』中央法規, 1999年。

Oster, S.M., *Strategic Management for Nonprofit Organizations*, Oxford University Press, 1995.

Peters, T.J. & R.H. Waterman Jr., *In Search of Excellence: Lessons from Best Run Companies*, Harper & Row, 1982. 大前研一訳『エクセレント・カンパニー／超優良企業の条件』講談社, 1983年。

Pidgeon Jr. W.P., *The Universal Benefits of Volunteering*, John Willey, 1998.

Pieper J., *Musse und Kult*, Koesel-Verlag, 1965. 稲垣良典訳『余暇と祝祭』講談社, 1988年。

Polanyi, K., *The Great Transformation*, Beacon Press, 1957. 杉村芳美他訳『大転換』東洋経済新報社, 1975年。

Porter, M.E., *Competitive Strategy*, The Free Press, 1980. 土岐・中辻・服部訳『競争の戦略』ダイヤモンド社, 1982年。

Putnum, R.D., *Bowling Alone*, Simon & Shuster, 2000.

Putnum, R.D., *Making Democracy Work*, Princeton University Press, 1993. 河田潤一訳『哲学する民主主義』NTT 出版, 2001年。

Riesman D., *Abundance for What ?* Doubleday, 1964. 加藤秀俊訳『何のための豊かさ』みすず書房, 1968年。

佐伯啓思『欲望と資本主義』講談社, 1993年。

佐伯啓思『「市民」とは誰か』PHP 研究所, 1997年。

斉藤総衛編『YMCA 管理運営資料』YMCA 同盟出版部, 1990年。

坂井正廣編著『人間・組織・管理』文眞堂, 1979年。

Salamon, L.M., *America's Nonprofit Sector*, The Foundation Center, 1993. 入山映訳『米国の非営利セクター入門』ダイヤモンド社, 1994年。

Salamon, L.M., *The Global Associational Revolution: The Rise of the Third Sector on the World Scene*, The Johns Hopkins University, 1993.

Salamon, L.M. & H.K. Anheier, *The Emerging Sector*, The Johns Hopkins University, 1994. 今田忠監訳『台頭する非営利セクター』ダイヤモンド社, 1996年。

佐々木毅・金泰昌編『中間集団が開く公共性』東京大学出版会, 2002年。

佐藤慶幸『アソシエーションの社会学』早稲田大学出版部, 1982年。

佐藤慶幸『生活世界と対話の理論』文眞堂, 1991年。

共同訳聖書実行委員会訳『聖書 新共同訳』日本聖書協会, 1987年。

Senge, P.M., *The Fifth Discipline*, Doubleday/Currency, 1990. 守部信之訳『最強組織の法則』徳間書店, 1995年。

戦略経営研究会編『ポートフォリオ経営の実際』HBJ 出版局, 1984年。

柴山慎一・正岡幸伸・森沢徹・藤中英雄『バランス・スコアカード』日本経済新聞社, 2001年。

島田恒『新版日本的経営の再出発』同友館, 1991年。

島田恒『フリーダミズムの時代』同友館, 1995年。

島田恒『非営利組織のマネジメント』東洋経済新報社, 1999年。

Siciliano, J., *The Board's Role in the Strategic Management of Nonprofit Organizations*, Garland Publishing, 1993.

総理府編『公益法人白書』大蔵省印刷局, 1999年。

杉村芳美『脱近代の労働観』ミネルヴァ書房, 1990年。

隅谷三喜男『アジアの呼び声に応えて』新教出版社, 1990年。

Smith, Bucklin & Associates. *The Complete Guide to Nonprofit Management*, John Wiley, 1994.

高橋俊夫編著『コーポレート・ガバナンス』中央経済社，1995年。
田尾雅夫『ボランタリー組織の経営管理』有斐閣，1999年。
田尾雅夫『ボランティアを支える思想』アルヒーフ，2001年。
Tarrant J.J., *Drucker: The Man Who Invented the Corporate Society*, Cahners Books, 1976. 風間禎三郎訳『ドラッカー, 企業社会を発明した思想家』ダイヤモンド社, 1977年。
Tead, O., *The Art of Leadership*, McGraw-Hill, 1935. 土田哲訳『リーダーシップ』創元社，1970年。
Tocqueville, A. de, *De la democratie en Amerique*, 1835. 井伊玄太郎訳『アメリカの民主政治』講談社，1987年。
富沢賢治・川口清史編『非営利・協同セクターの理論と現実』日本経済評論社，1997年。
Tonnies, F., *Gemeinshaft und Gesellshaft*, 1887. 杉之原寿一訳『ゲマインシャフトとゲゼルシャフト』岩波書店，1957年。
Torgersen, P.E., *A Concept of Organization*, American Book, 1969. 岡田和秀・高沢十四久訳『C.I. バーナードの組織概念』白桃書房，1973年。
土屋守章『企業と戦略』リクルート，1984年。
津田眞徴『現代経営と共同生活体』同文舘，1981年。
梅沢昌太郎『新版非営利・公共事業のマーケティング』白桃書房，1995年。
内海成治・入江幸男・水野義之編『ボランティア学を学ぶ人のために』世界思想社，1999年。
Wall, B., M.R. Sobol & R.S. Solum, *The Mission-Driven Organization*, Prima Publishing, 1992.
Weber, M., *Die Protestantische Ethik und der>Geist<des Kapitalismus*, 1904. 梶山力・大塚久雄訳『プロテスタンティズムの倫理と資本主義の精神』岩波書店，1962年。
Weisbrod, B.A., *The Nonprofit Economy*, Harvard Univ. Press, 1998.
Wolf, T., *Managing a Nonprofit Organization*, 1990.
Wolf, W.B., *Conversation with Chester I. Barnard*, Cornell Univ., 1972. 飯野春樹訳『経営者のこころ』文眞堂，1978年。
山田經三『21世紀が求めるキリスト者の生き方』新世社，1998年。
山本七平『日本資本主義の精神』光文社，1979年。
山岡義典編著『NPO基礎講座』ぎょうせい，1997年。
山城章編著『ノン・ビジネス経営の構築』ビジネス教育出版社，1980年。
山内直人『ノンプロフィット・エコノミー』日本評論社，1997年。
Young, D.R. & Associates, *Governing, Leading, and Managing Nonprofit Organizations* Jossey-Bass Publishers, 1992.

索　引

あ

愛　38, 59, 67, 187
愛・協働　54
AIDA モデル　112
IT 革命　18
IBM　72, 73
アウトソーシング　98
アカウンタビリティ　118, 150, 162, 169, 173, 186
アソシエーション　152
アドボカシー　41, 107
アポスル　114, 145
甘え　23
アメリカ・マーケティング協会　82
イエス・キリスト　64, 65, 184
意識活性　27
1％クラブ　119
ウェーバー　19, 40
宇宙の根元法則　29
AARP　143, 144
AGIL 図式　15
衛生要因　128
営利法人　47, 174
SMU　91, 92, 93, 103, 104
NGO　43, 44
NPO　43, 44
OJT　133
オスター　96, 108, 129
Off JT　133

か

外在的原理　54
会社共同体　21
外的均衡　28
外部環境　95
カウンター・カルチャー　141
顔のない私　24
学習と成長の視点　167
片岡信之　40, 45
価値前提　32
価値的側面　22, 30, 31, 32, 32, 33, 34, 37, 40, 42, 45, 71, 72, 90
カトリック教会　55, 58, 64, 66, 67, 71, 138
ガバナンス　163, 181, 182, 186
神　38
環境分析　95
機会主義的側面　28, 29
機会主義的要因　32
北沢栄　180
ギデンズ　58
寄付行為　175
寄付懇願方式　117

索 引 199

キャプランとノートン 165, 166, 167, 169
共益法人 46
行政の失敗 62
業績主義 131
競争戦略 89
協同経済組織 49, 50
共同生活性 21, 24
協働体系 27, 30, 182
共同体的社会 60
業務プロセスの視点 169
キリスト教信仰 37
キルケゴール 36, 37, 38
クライアント 81, 83, 84, 85, 86, 87, 90, 93, 95, 96, 97, 98, 99, 100, 101, 107, 108, 109, 110, 111, 122, 126, 133, 178
クライアントの視点 169
グレース 116, 119
グローバリゼーション 17, 18, 54
グローバル・スタンダード 174, 188
経営資源 84, 131
計画―実行―評価 83
経験財 52
経済人 10, 11
経済人仮説 29
経済・政治・文化・共同 15, 80
経済的, 統治的, 社会的制度 15, 22
経済的誘因 41
啓発された自己利益 (enlightened self-interest) 120
契約の失敗 53
決定・執行・監査 179, 186
決定論的側面 29
公益法人 46, 47, 174
広義の公益法人 48
公共領域 143
貢献意欲 29
広告 112
公式組織 28, 29, 30, 64, 139
工場共同体 13, 16, 16, 22, 42

合理・効率 15
合理的側面 22, 30, 31, 32, 33, 40, 42
コーンハウザー 60, 62
顧客の視点 167
顧客の創造 40, 186
心の習慣 54
個人人格 130
コストによる優位性 98
コトラー 82, 90, 160
コミュニティ 42, 59, 145, 154, 187
コラボレーション 120
根元的使命 69
根元的理法 37, 38
コンタクト・パーソネル 83, 107, 126

さ

サーバント・リーダーシップ 184
財産目録 173
財団法人 47, 48
財務的評価 92
財務の視点 166
サイモン 89
サイモン理論 32
佐藤慶幸 16
差別化による優位性 99
サラモン 45, 58
参加的観察者 31
産業社会 12, 13, 14, 16, 19, 21, 57, 59
産業社会の病理 14, 15
産業人 12, 13, 22
時間的コスト 110
事業拡大 101
事業型非営利組織 47
事業の撤収 104
事業領域 81, 89, 95, 161
資源獲得製品 106
資源提供者 81, 90, 93, 96
自己啓発 133
自己実現 29, 37, 38, 42, 42, 43, 62, 80, 81,

140
事実前提　32
市場主義　19
市場の失敗　52, 62
システム世界　16
実施　88
実存的人間観　29
自発性　140
市民　54, 57
社会結合上の魅力　127
社会資本　58
社会人仮説　29
社会的衝撃　16
社会的要因　27
社団法人　47, 48
社内ビジネスプロセスの視点　167
自由　32, 34, 35, 36, 37, 38, 60, 62, 67, 81, 99, 187
自由意思論的側面　29
自由からの逃走　23
収支計算書　172
自由主義産業社会　13, 14, 20
自由にして機能する社会　12, 13, 16, 34
主体的存在　29
準公共財　53
状況の法則　151
情報技術　18
情報の非対称性　53
正味財産計算書　172
助成型非営利組織　47
助成財団　118
心的交流　128
人的資源　97
人的要因　28
信念，機会，能力　68
真の自己　37
信頼財　53
心理的コスト　110
垂直同型　30, 38

随伴的結果　32
SWOT 分析　97, 103
スタッフ　41, 99, 122
ステークホルダー　186
生活世界　16, 143
聖俗革命　40
正当性　34
政府の失敗　53
責任　34, 35, 38, 184
責任ある選択　35, 37
説得の方法　126
戦術　88, 105
全人仮説　29
全体主義　13
全体主義社会　60
戦略　88, 89, 91
ソーシャル・マーケティング　107
組織経済　40
組織人格　130
組織道徳　64
組織風土と学習の視点　169

た

貸借対照表　173
大衆社会　60
代理変数　160, 169
タウンシップ　54
田尾雅夫　48, 151
卓越戦略　89, 90
多元的社会　60, 61, 62
探索財　52
地球環境破壊　16
地球環境問題　54
知識労働者　187
中核製品　106
中間集団　60, 61, 62
中間法人　47, 174
定款　175
ディベロップメント　116

ディ・マーケティング　87, 101, 110
デュアル・システム　86
テロリスト　114
土居健郎　23
動機づけ＝衛生理論　128
動機づけ要因　128
東西冷戦　14, 17
道徳　33, 34
道徳準則　34, 35
道徳的側面　28, 29, 32
道徳的要因　32
道徳的リーダーシップ　73
トクヴィル　54
特定非営利活動促進法　48
ドラッカー　11, 12, 13, 14, 15, 16, 17, 22, 24, 34, 35, 36, 37, 38, 40, 42, 43, 56, 59, 64, 70, 73, 86, 89, 100, 104, 138, 160, 183, 185, 186
ドラッカー財団　47, 70, 164
ドラッカーの人間論　37
努力コスト　110

な

内在的原理　54
内的均衡　28
内部環境　95
内部補助（cross-subsidization）　93
日本キリスト教海外医療協力会（JOCS）　121, 144
日本的経営　21
ニュー・イングランド共同体　55
人間協働　27
人間の実存　36
人間変革機関　86, 146
能動活性　30
能力主義　131
能力主義人事　132

は

恥の文化　140
ハーズバーグ　128
バーナード　27, 28, 29, 30, 31, 32, 33, 34, 35, 37, 40, 42, 43, 59, 64, 67, 71, 72, 73, 88, 138, 184, 185
パットナム　58
パブリシティ　113
パブリック・リレイションズ　113
バランスト・スコアカード　161, 165, 167, 168, 169, 170, 171
ハンズマン　53
非営利革命　58
非営利組織の国際分類　46
非営利組織の失敗　62
非営利組織の定義　45
非経済的価値　41
非公式組織　22
BBB ワイズ・ギビング・アライアンス　162
ビュロクラシー　152
費用回収　109
広井良典　59
ファシズム　11, 12, 34, 61
ファンド・ディベロップメント　121
ファンド・レイジング　116, 121
VNPO　44
フィランソロピー　116
物質的誘因　127, 128, 129
物的要因　27
物的要因・生物的要因・社会的要因　29, 30
プライス（価格）　108
BRAC　136, 137
フリーダミズム　57
プレイス（流通）　110
プロダクト（製品）　106
フロム　24, 36
プロモーション（促進）　111

PESTs 95
〜への自由 23
ポーター 96
ポートフォリオ 91, 93, 95, 100, 103, 104
boardnetUSA 148
ポジティブ・ウェルフェア 58, 144
補助的製品 106
ホスピス 70
ポラニー 11
ボランタリズムの心性 48
ボランティア 41, 84, 97, 98, 99, 106, 118, 140, 141, 142, 143, 144, 145, 146, 147, 148, 149, 150, 151, 153, 181

ま

マーケティング 78, 79, 80, 81, 82, 83, 84, 85, 86, 122
マーケティングの定義 81
マーケティング・ミックス 115
真の自己 37
マッチング・ギフト 120
マトリクス組織 138
三隅二不二 183
ミッション 41, 49, 63, 64, 65, 67, 71, 81, 83, 84, 86, 88, 90, 93, 98, 99, 100, 101, 104, 106, 109, 110, 118, 122, 132, 133, 138, 143, 153, 159, 164, 165, 177, 178, 179, 181, 182, 186, 188
「ミッション―経済」マトリクス 92, 94, 103, 160
ミッション・ステートメント 68, 69, 70, 90, 103, 116, 117
ミッション達成度 92
ミッションの達成 85
ミッションベイスト・マネジメント 71, 73, 122, 186
三戸公 32
無関心圏 22
無償性 141

村田晴夫 30, 38, 54
メイク・ア・ウイッシュ 146
メイソン 63, 86, 160
滅私奉公 23
目標 88, 91
目標管理 134, 135
MOSTEC フロー 88
モニタリング 158, 159

や

山本七平 21
誘因 29, 40
誘因の経済 128
誘因のシーソー 129
誘因の方法 126
有機体 30
有効性と能率 28
ユナイテッド・ウェイ 179
余剰最大化 109
淀川キリスト教病院 69, 99, 149
4P 105, 114

ら

ラーニング・オーガニゼーション 135, 136
ラブロック＆ウェインバーグ 108
リーダーシップ 182, 183, 184
理事会 175, 176, 177, 178, 179
利潤 40
理想の恩恵 127
理想や大義に関わるマーケティング
　（cause-related marketing） 120
リベラリズム 17, 56
利用最大化や無料化 109
ルター 38, 66
連帯 59
連帯性 140

わ

YMCA 174, 175

著者紹介

島田　恒
しまだ　ひさし

1939年　兵庫県芦屋市に生まれる。
神戸大学経済学部卒業，桃山学院大学経営学研究科修了
経営学博士
1962年 (株)クラレ入社，営業部長，事業企画部長など歴任，
1990年 (株)クラレを退社，独立，現在島田事務所代表，
京都文教大学教授，関西学院大学・日本大学の大学院講師。
　日本経営学会会員，組織学会会員，日本経営倫理学会会員，
　経営学史学会会員，経営哲学学会会員。
　国際ボランティア学会理事，日本NPO学会会員。
　日本キリスト教海外医療協力会理事，日本ホスピス・緩和ケア振興財団評議員。
著書『日本的経営の再出発』(同友館)，
　　『フリーダミズムの時代』(同友館)，
　　『非営利組織のマネジメント』(東洋経済新報社)
現住所 (事務所)　〒659-0093　芦屋市船戸町2-1-1108
　　　FAX　0797-38-0328

非営利組織研究
―その本質と管理―

2003年 2 月28日　第 1 版第 1 刷発行	検印省略
2004年12月10日　第 1 版第 2 刷発行	

著　　者　　島　田　　　恒

発 行 者　　前　野　眞　太　郎
　　　　　　東京都新宿区早稲田鶴巻町533

発 行 所　　株式会社　文　眞　堂
　　　　　　電　話　03(3202)8480
　　　　　　Ｆ ＡＸ　03(3203)2638
　　　　　　http://www.bunshin-do.co.jp
　　　　　　郵便番号(162-0041)　振替00120-2-96437

組版・モリモト印刷　印刷・モリモト印刷　製本・イマヰ製本所
Ⓒ2003
定価はカバー裏に表示してあります
ISBN4-8309-4443-9　C3034